クローズアップ国谷裕子キャスター

NHKの〝看板〟を霊査する

大川隆法
RYUHO OKAWA

本霊言は、2014年2月4日、幸福の科学総合本部にて、
質問者との対話形式で公開収録された（写真上・下）。

まえがき

「今後のNHKがどうなるのか占いたい」という動機から、「宗教ジャーナリズムの精神」を発揮してしまった。

『NHK新会長・籾井勝人《もみいかつと》守護霊本音トーク・スペシャル』に続いて、NHKの長寿番組である「クローズアップ現代」の看板キャスター・国谷裕子《くにやひろこ》さんの霊査をしてみたのだ。いわゆる守護霊インタビューである。先方も第一級のジャーナリストであるが、当方も、元TBSの突撃インタビュアー的スタッフと、元・官邸記者クラブ所属の産経新聞のエリート記者をぶつけてみたので、フェンシングの試合でも見るかのように、剣先で激しい火花が散っている。ヤジ的質問をしているのは、元・通産官僚（現・経産省）のエリートである。

国谷さんがトップレベルの才媛であると認めることには異論はない。しかし「クローズアップ現代」に代表されるNHKの報道が、この国を一定の方向に導こうとしており、私のような国際政治分析をしている者には危うさも感じられるのは事実である。まずは、ご一読をこう次第である。

二〇一四年　二月七日

幸福《こうふく》の科学《かがく》グループ創始者兼総裁《そうししゃけんそうさい》　大川隆法《おおかわりゅうほう》

クローズアップ国谷裕子キャスター　目次

クローズアップ国谷裕子《くにやひろこ》キャスター

――NHKの〝看板〟を霊査《れいさ》する――

二〇一四年二月四日　収録
東京都・幸福の科学総合本部にて

「霊言現象《れいげん》」とは、あの世の霊存在の言葉を語り下ろす現象のことをいう。これは高度な悟《さと》りを開いた者に特有のものであり、「霊媒現象《れいばい》」（トランス状態になって意識を失い、霊が一方的にしゃべる現象）とは異なる。外国人霊の霊言の場合には、霊言現象を行う者の言語中枢《ちゅうすう》から、必要な言葉を選び出し、日本語で語ることも可能である。

また、人間の魂《たましい》は原則として六人のグループからなり、あの世に残っている「魂の兄弟」の一人が守護霊《しゅごれい》を務めている。つまり、守護霊は、実は自分自身の魂の一部である。したがって、「守護霊の霊言」とは、いわば本人の潜在《せんざい》意識にアクセスしたものであり、その内容は、その人が潜在意識で考えていること（本心）と考えてよい。

なお、「霊言」は、あくまでも霊人の意見であり、幸福の科学グループとしての見解と矛盾《むじゅん》する内容を含《ふく》む場合がある点、付記しておきたい。

クローズアップ国谷《くにや》裕子《ひろこ》キャスター

――ＮＨＫの〝看板〟を霊査《れいさ》する――

二〇一四年二月四日　収録
東京都・幸福の科学総合本部にて

国谷裕子《くにやひろこ》（一九五七～）

テレビキャスター。大阪府《おおさかふ》生まれ。銀行員だった父の勤務地の関係で、幼少期を日本やアメリカ、香港《ホンコン》で過ごす。聖心《せいしん》インターナショナルスクールを経て、アメリカ東部の名門、ブラウン大学に入学し、国際関係学等を専攻《せんこう》する。同大学卒業後、一時、日本国内の外資系メーカーに勤務したが、やがてＮＨＫの報道番組等でキャスターなどを務めるようになり、一九九三年から「クローズアップ現代」のレギュラーキャスターを続けている。

質問者　※質問順

里村英一《さとむらえいいち》（幸福の科学専務理事〔広報・マーケティング企画《きかく》担当〕）

綾織次郎《あやおりじろう》（幸福の科学上級理事　兼《けん》「ザ・リバティ」編集長　兼　幸福の科学大学講師※）

［役職は収録時点のもの］

※幸福の科学大学（仮称）は、2015年開学に向けて設置認可申請予定につき、大学の役職については就任予定のものです。

1　NHKの看板キャスターの守護霊《しゅごれい》を招く

「クローズアップ現代」を二十年余り続けている国谷《くにや》キャスター

大川隆法　今朝（二〇一四年二月四日）は、ジャーナリスト、櫻井《さくらい》よしこさんの守《しゅ》護霊霊言《ごれいれいげん》（『なぜ私は戦い続けられるのか』〔幸福の科学出版刊〕参照）の原稿《げんこう》を校正していましたが、櫻井さんはNNNのキャスターを長く務めておられたと思います。

あの方のをやっているとき、「もう一人、やはり、やってみるべきかな」と思われ、心に引っ掛《か》かっていた人がいます。それは、NHKの「クローズアップ現代」のキャスターを長く務めておられる、国谷裕子《くにやひろこ》さんです。

「クローズアップ現代」は一九九三年に始まっているので、国谷さんは、もう二

●NNN　日本テレビ系の「ニッポン・ニュース・ネットワーク」の略。

十年余りキャスターを務めていることになります。二〇一一年に「放送三千回」を達成したときには、「イチローのようだな」という感想を持ったことを覚えています（注。当時、イチローは「日米通算三千本安打」を達成していた）。

彼女は、毎日、テレビに出ているわけではなく、出るのは、「クローズアップ現代」が放送される、月曜日から木曜日までなのかもしれませんが、午後七時からのニュースのあとに出てきて、毎回、テーマが全然違《ちが》うのに、生《なま》放送でやっているので、「なかなか奮闘《ふんとう》している」という印象を受けました。

彼女は午前十一時ぐらいに局に入って準備をし、スタッフと打ち合わせたりしているようです。取材は、ほかの人もやっていて、自分一人だけではないでしょうが、それでも、生放送で、いろいろな分野の人に焦点《しょうてん》を合わせて報道するのは、それほど楽なことではないと思うので、おそらくは人知れず、かなり勉強をなされているに違いないでしょう。

櫻井さんの守護霊は、かつての英雄《えいゆう》でしたが、国谷さんの場合も、何らかの〝変

●櫻井よしこ守護霊　前掲『なぜ私は戦い続けられるのか』のなかで、日露戦争において殉死し、「軍神」と称された広瀬武夫中佐であることが明かされた。

わった方〟が、潜在意識《せんざい》というか、魂《たましい》のなかに隠《かく》れている可能性があるので、ＮＨＫを分析《ぶんせき》する上でも、これ（守護霊霊言）は必要なものではないかと思っています。

国谷キャスターの「思想や信条」等は意外に分からない

大川隆法　今朝の東京新聞だったかと思いますが、読者の投書欄《らん》を読んでいたら、たまたま、「ＮＨＫの籾井《もみい》新会長の発言は、けしからん」というようなことが書いてありました。

その読者は、「（領土問題について）政府が右と言うものを、左と言うわけにはいかない」という、あの新会長の発言について、「問題だと思う」と言って批判しつつも、「自分は、『クローズアップ現代』で代表されるような、ＮＨＫの姿勢には賛成なのだ」というようなことを述べていたのです。

同じ人が、「新会長の姿勢には反対だけれども、『クローズアップ現代』のような、ずっと続いている番組については、賛成なのだ」と言っているので、まさしく、ある意味で象徴《しょうちょう》的なものが出ているのではないかと思います。

私は、活字で「書いたもの」については、情報の収集がかなり速いのですが、国谷さんの場合、「書いたもの」が非常に少ないことが難点です。国谷さんが個人で書いたものはなく、他《た》の人が編集したものに対談が少し入っている程度なので、本人の思想や信条、考え方が、それほど分からないのです。

「クローズアップ現代」等の映像は何千本もあるのだとは思いますが、これをレビュー（批評）するのは、そう簡単なことではありません。最近のものについては、調べようと思えば、調べることはできますが、映像というものは、流れ去ったら、簡単には取り返してチェックできないので、難しいところがあります。

「国谷さんは、本当は、どのようなことを考えているのか。どのような人なのか」ということは、露出《ろしゅつ》が多いわりには意外に分かりません。しかし、間接的に、あるいは無意識的に、世論《せろん》等を誘導《ゆうどう》している可能性は、ないわけではないと思います。

渡部昇一《わたなべしょういち》氏は、この国谷さんについて、「左翼《さよく》的スタンスを取っている」というようなことを言っておられました。

そこまで断定するほど、私には、この番組の分析《ぶんせき》が十分にはできておらず、分からないのですが、番組にはディレクターなどスタッフがついているので、スタッフがそうなのかもしれませんし、この人自身もそうなのかもしれません。

このへんについては、まだ研究の余地があると思います。

ＮＨＫの看板キャスターは、新会長をどう思っているのか

大川隆法　先日（二〇一四年一月二十五日）のＮＨＫ新会長の就任会見では、例えば、「特定秘密保護法について、なぜ『クローズアップ現代』などで取り上げないのか」という質問がありました。
それに対して、会長は、「（国会を）通っちゃったので、もう言ってもしょうがない」というような答えをしたため、「『通っちゃったから、しょうがない』とは何事だ」ということで、それが波紋《はもん》を呼んだところがあります。

「通っちゃったから、しょうがないけど、問題が起きたら、取り上げますよ」というような、大ざっぱな言い方をしたので、これで〝焚《た》きつけた〟ようなところもありました。

だから、意外に、「クローズアップ現代」に籾井会長を引っ張り出してきて尋問《じんもん》したら、確かに面白《おもしろ》いかもしれません（会場笑）。「NHK分裂《ぶんれつ》」ということになりかねないのです。

新しいNHKの体制を占《うらな》う意味でも、ここは大事なポイントなのではないかと思います。「二十年以上やっている看板キャスターと、新会長と、どちらの思想がNHKの思想なのか。分裂したまま走れるのか。あるいは融合《ゆうごう》するのか」ということです。

彼女は言論の達人でしょうから、スルッとかわされたら、それで終わりになりますが、話の隙《すき》ができたら、どこかで〝引っ掛けて〟、籾井会長のことをどう思っているか、訊《き》いてくれれば面白いと思っています。

ただ、引っ掛からないかもしれません。そうとう頭の回転が速いので、サラリとかわされる可能性もありますが、できたら、『クローズアップ現代』に新会長が出て、この人（国谷氏）がインタビューしたら、どうなるのか」ということを見てみたい気もします。

民主党政権の〝助走〟になった面がある「クローズアップ現代」

大川隆法　昨日や今日の「クローズアップ現代」は、ソチ・オリンピックの代表選手を呼んだりしているようなので、大して政治性はないのですが、先週は、女性の貧困《ひんこん》層に焦点を当てた番組を放送していました。

年収百十四万円未満が「貧困層」に当たるのだそうですが、「月収が十万円に満たないような、子連れの低収入層が増えている。また、男女共に非正規雇用《こよう》が増えている」ということを伝えていました。

これは、ある意味では、安倍《あべ》政権が、「アベノミクスが成功し、雇用も増え、国民は豊かになっている」とPRしていることの逆の部分に〝光を当てた〟ようにも見えるのです。

その番組では、低所得の女性たちの、「三つもアルバイトをしても、月に十万円もいかない」というような悲鳴を取り上げたり、シングルマザーの人が風俗《ふうぞく》店で働いているところも取材したりしていました。

ある風俗店には二百人もの女性が在籍《ざいせき》していますが、そこは独自に託児《たくじ》所と提携《ていけい》して、「寮《りょう》・食事付き、託児所付き」で、シングルマザーを風俗で働かせていました。

そういうところを取材していたので、「安倍首相が見せようとしている、バラ色の経済成長をした姿とは違い、実際には貧困層が広がっているぞ」ということを見せているようにも思えたのです。

「クローズアップ現代」の過去の番組全部を検証する任には堪《た》えないのですが、小泉《こいずみ》さんが長く首相を務めたあとには、確か、こういう内容の番組を放送したりしていました。

小泉政権のときには、いちおう、緩《ゆる》やかな景気回復が長期にわたって続いたのですが、そのあと、「小泉首相の政策によって、経済格差が大きく開き、〝ワーキングプア〟が増えた」というようなことを、かなり言っていたような気がするのです。それには、ある意味で、民主党政権の〝助走〟のようになった面もあるのではないでしょうか。そのような気がします。

このへんが国谷さんの考えかどうか知りませんが、この番組には、そういう傾向《けいこう》はありますし、低所得層や女性に光を当てる面もあるような気はします。

幼少期を日本以外でも過ごした国谷キャスター

大川隆法　国谷さんの個人的ストーリーについては、本人の書いたものがないので、資料等が正確なのかどうか、分かりません。

もともと曾祖父《そうそふ》や祖父は、田附《たづけ》商店というものをやっていて、それは、のちに総合商社のニチメンと合併《がっぺい》しています。お父さんは三和《さんわ》銀行の銀行員ですが、三和銀行は、私の記憶《きおく》によれば、確かニチメンのメインバンクだったので、ニチメンとは関係があります。

ニチメンは、その後《ご》、ほかのところとまた合併して、日商岩井《にっしょういわい》と合併したと思います。

国谷さんは、小さいころの記憶として、三和銀行の名古屋の社宅あたりの記憶があるらしく、伊勢湾《いせわん》台風も覚えておられるようです。

三歳《さい》のとき、お父さんが国際部に異動になり、ニューヨーク勤務になったのですが、赴任《ふにん》先に家族を連れていく流儀《りゅうぎ》の方だったらしく、国谷さんも三歳でニューヨークに行き、四歳のときには、今度は西海岸のサンフランシスコに行かれました。

小学校一年のとき、お父さんが国内勤務になったため、日本に帰ってきて、自宅のある大阪《おおさか》の帝塚山《てづかやま》学院小学校に入られました。

そこでは小学校五年まで教育を受けたのですが、小学校六年のとき、お父さんが香港《ホンコン》勤務になったため、小学校六年から中学三年まで、香港のミッションスクールに通われたようです。

小学校に上がるころには、日本語と英語の〝ちゃんぽん〟で話していたらしいのですが、香港に行ったころには、もう英語をかなり忘れており、向こうでは英語と広東語《カントン》の授業だったため、かなり苦しまれたと聞いています。

中三のときに、父親の香港勤務が終わり、日本へ帰ることになったので、高校は、広尾《ひろお》にある聖心《せいしん》インターナショナルスクールに通いました。また、大学は、ブラウン大学に入っています。これは、ハーバード大学の近くにある、アイビー・リーグの一つですが、そこで、国際政治や国際経済等を勉強されたのだと思います。

こうした英語のところが、彼女の武器になったのではないでしょうか。

イチロー的な努力の人ではないかと推測される国谷氏

大川隆法　その後、日本に帰るのですが、すぐにNHKに入ったわけではなく、外資系の家庭用品メーカーに就職して、マーケティングの仕事をしています。そこで、化粧《けしょう》せっけんの担当となり、沖縄《おきなわ》などへも出張したりしていたようです。

その後、父親の書いた雑誌原稿に目を留めた知人から連絡《れんらく》があり、ＮＨＫの英語放送の仕事に使えないかということで、引っ張られたようです。

最初は、ＮＨＫの国際ニュースの担当や、その原稿づくりあたりから始まり、ワシントンからのレポートなどにも出ていたと思います。

それから、「クローズアップ現代」の顔になって、さまざまなテーマを取り上げていますが、時代に恵《めぐ》まれたところもあるのかもしれません。一九九三年以降、国際的な時事問題がたくさん起きたので、活躍《かつやく》される場面が多かったのではないでしょうか。

また、英語にも強いので、外国人に対して堂々とインタビューできる、数少ない日本人の一人であると言えるでしょう。

ある意味では、イチロー的な努力をしている感じは受けますので、その点については、率直《そっちょく》に評価したいと思っています。やはり、帰国子女的な経歴の方が日本のニュースを担当するのは、けっこう厳しいはずです。当会の帰国子女系統《けいとう》の方を見ても、海外生活が長い場合、どこか日本的教養の部分で抜《ぬ》けているところがありま す。それらは、自分で努力して埋《う》めていかないかぎり、埋まらない部分です。あのようにオールマイティーで番組を担当するのは、それほど簡単なことではないですから、だいぶ勉強されたのではないでしょうか。

ちなみに、ブラウン大学での卒業論文は、「●廣田弘毅《ひろたこうき》時代の日米関係」とのことなので、そのあたりに関心があるのかもしれません。廣田弘毅は、外交官から総理大臣になり、日米開戦に至ったわけですが、その日米関係の交渉《こうしょう》あたりに関心があったために、卒業論文のテーマになっているようです。

だいたい、卒論のテーマを見ると、その人の原点というか、考え方の出発点のようなものが分かるので、おそらく、「日米関係」や、「戦争の勃発《ぼっぱつ》」といったものが、かなり頭の中心にあるのではないでしょうか。

また、この方は、数多くの賞をもらっているようです。九四年に橋田壽賀子《はしだすがこ》賞、

●廣田弘毅〈1878 ～ 1948〉第 32 代総理大臣。戦後、文官としてはただ一人、A級戦犯として処刑された（本書 140 ページ参照）。

九六年に放送文化基金賞、九八年に放送ウーマン賞、二〇〇二年に菊池寛《きくちかん》賞、二〇一一年に日本記者クラブ賞と、受賞していますので、代表的なジャーナリストの一人だとは思います。

国谷裕子キャスターの守護霊を招霊《しょうれい》する

大川隆法　さて、どういう方が出てくるのでしょうか。あるいは、里村さんの追及《ついきゅう》を逃《のが》れるために英語でしゃべり始めるかもしれません（会場笑）。そうやって、追及させない手もありえます。ただ、過去世《かこぜ》において、日本にいなかったわけがないでしょうから、十分に話せるだろうとは思います。

（質問者たちに）こちらもジャーナリスト系ですから、頑張《がんば》ってください。

かなり、守備範囲《はんい》が広い方なので、この人の本心をつかめるかどうかは分かりませんし、どこか〝プレデター〟（SF映画に登場する地球外生命体）のような感じでもあります。NHKのキャスターは、プレデターのように、「透明《とうめい》になって自分の姿を見えなくしつつ、攻撃《こうげき》できる」というような感じがするのです。

民放のキャスターの場合は、ある程度、スタンスが分かるので、その人の考え方や思想というものは、はっきりしており、例えば、「敵か味方か」というようなことは、明確に分かります。ところが、ＮＨＫの場合は、みな無表情で、淡々《たんたん》とやる傾向があって、できるだけ、思想・信条をつかまれないようにしようとする感じがするわけです。

ただ、これだけ何千回もやって、プレデター風にインタビューしているので、敵やら味方やら分からない感じで引き出していきつつ、間接的に何らかの国論を動かしている可能性は高いと思います。

また、次のＮＨＫを占う意味では、もしかしたら、「籾井会長と国谷さんの、どちらが生き残るか」という戦いになる可能性もあるでしょう。象徴的には、そうなるかもしれません。

会長のほうから、「『クローズアップ現代』の傾向が、どうも気に食わん。安倍さんをＮＨＫに出られないようにする感じがする」というような大きな圧力がかかってくるのか。そんなことには関係なく、今までどおりのファン層を取るのか。このへんのところが見物《みもの》であるように思います。

女性に対して失礼かもしれませんが、今日はできるだけ本心を裸《はだか》にして、政治、経済、思想、信条等について、あるいは、日米関係や他《た》の外国についての考え等を、頑張って引きずり出していただきたいと思います。

ちなみに、ワシントンにいたころに結婚《けっこん》なされました。旦那《だんな》さんは弁護士ですから、あるいは、法律面で協力してくれているのかもしれません。

いずれにしても、「隠れた部分」をうまく引き出せたらいいと思います。

まあ、特に悪意は持っていませんが、私より一つ年下の一九五七年生まれであって、昨日の二月三日がお誕生日だったようです。一日ずれてしまい、まことに失礼申し上げましたが、誕生日の一日後ではあるものの、「お誕生日、おめでとうございます」という意味を込《こ》めて、今日、調べさせていただきたいと思います（会場笑）。

　ただ、これが、うれしいプレゼントになるかどうかは分かりません。〝時限爆弾《ばくだん》〟のようなプレゼントかもしれませんので、発言に対して細かいＮＨＫにとって、有利な結果になるかどうかは分からないところがあります。
　では、いいですか。

里村　はい。お願いいたします。

大川隆法　それでは、ＮＨＫの看板番組の一つであります「クローズアップ現代」を二十年以上、担当してこられた国谷裕子キャスターの守護霊をお呼びいたします。
　今日は、「クローズアップ国谷裕子キャスター」というテーマで、国谷裕子さんそのものについて、「本人が登場してインタビューされたらどうなるか」ということを、当会にて実演してみたいと思っております。どうか、ご協力のほど、お願いしたいと思います。

国谷裕子キャスターの守護霊よ。
国谷裕子キャスターの守護霊よ。
どうぞ、幸福の科学総合本部に降りたまいて、そのご本心を明かしたまえ。
「クローズアップ現代」の国谷裕子キャスターの守護霊よ。
どうぞ、幸福の科学総合本部に降りたまいて、そのご本心を明らかにしたまえ。

（約十秒間の沈黙《ちんもく》）

2 「クローズアップ現代」は、公正・中立か

―「インタビューする立場の人間」にインタビュー―

里村　こんにちは。

国谷裕子守護霊　うーん……。

里村　国谷キャスターの守護霊様でいらっしゃいますでしょうか。

国谷裕子守護霊　私、インタビューするのは好きですけど、インタビューされるのはあまり好きでないんですけど……。

里村　そうですね。露出《ろしゅつ》は比較《ひかく》的少ないのですけれども、今日は、インタビューさせていただくということで、こちらにお出《い》でいただきました。

国谷裕子守護霊　いやあ、あんまり……。どうですかねえ。「インタビューする立場の人間がインタビューされる」というのは、放送倫理《りんり》に何か触《ふ》れるんじゃないでしょうか。

里村　いや、むしろ、「インタビューがない」ということのほうが放送倫理に触れる面もございますので……。

国谷裕子守護霊　そうですかねえ。

里村　ええ。

国谷裕子守護霊　（困った表情で）無断で、〝許可〟を取っていないんですよ。その……、上司のね。だから、「宗教団体に行って、思想・信条調査を受ける」ということが、ＮＨＫのキャスターにとってふさわしいかどうかですね。

里村　ただ、「クローズアップ現代」も、番組開始以来、すでに二十一年目に入っていまして……。

国谷裕子守護霊　あ、ええ……。

里村　そういうなかで、どんなプロデューサーも、国谷キャスターに許可を出すような立場ではないと思いますので。

国谷裕子守護霊　あらあ？　おっしゃいますわね。

里村　いえいえ。

「打ち合わせなしのインタビュー」に慎重《しんちょう》な国谷氏守護霊

里村　今日は、昨日お誕生日を迎《むか》えられたばかりということもありますので、ぜひ……。

国谷裕子守護霊　年齢《ねんれい》は言わないでね。

里村　年齢についてはお伺《うかが》いしません。

二〇一四年二月現在、どのようなことをお考えかということを伺えればと思います。

国谷裕子守護霊　うーん。

里村　特に、また後ほどお伺いしますけども、昨今《さっこん》、「NHKの役割の大切さ」が非常にクローズアップされているところでもございますので、今日は、存分《ぞんぶん》にお話をお伺いしてまいります。

国谷裕子守護霊　今日は、「台本がない」「シナリオがない」「事前調査資料がない」「打ち合わせがない」「プロデューサーがいない」「スタッフがいない」というなかで、キャスター一人で調査を受けるわけですが、これは、FBIか何かの調査でも受けているような感じがするんですけど。

里村　あえて言いますと、「宗教界のＮＨＫ」といいますか、「公共放送」といいますか……。そういうものでございます。

国谷裕子守護霊　いやあ、何か裏取引みたいなものがあって、「これを言えば、これについては、もう追及《ついきゅう》しない」というようなことを考えておられるんじゃや……。〝司法取引〟を何か……。

里村　いや、まったく〝司法取引〟はなくて……。

国谷裕子守護霊　私が何かをしゃべれば、「こちらのほうの追及はやめてやる」とか、何かそんな……。

里村　いえ、もうそのまま、「生のお声」、「お考え」を、ありのままにお話しいただければと思います。

国谷裕子守護霊　そう、そうお？

里村　はい。

国谷裕子守護霊　そうですかあ？

里村　そういう場所でございますので、偏向《へんこう》報道は一切《いっさい》ございません。

国谷裕子守護霊　NHKを〝分解〟するのが目的なのではありませんか。

里村　いえいえ、違《ちが》います。国谷キャスターのお考えの一端《いったん》を、少しでも伺えれば……。私も、長年の視聴者《しちょうしゃ》として……。

国谷裕子守護霊　いやあ、私は今日、幸福の科学を取材して、あなたがたの思想調査をしたいぐらいなんです。私のほうからインタビューして、「なぜ、マスコミ出身の人がこんなところにいるのか」について、ちょっと訊《き》いてみたいぐらい……。

里村　それはまた、これが終わりましてから、別の機会のときに……。

国谷裕子守護霊　いや、あなたがたも、何か有名な方らしいじゃないですか。ねえ？

里村　とんでもないです。

国谷裕子守護霊　一回出てもらおうかしら？　お返しで。

里村　いえいえいえ（笑）。何か別の機会があれば……。

国谷裕子守護霊　お返しで一回出てもらおうかしらね。

里村　ええ。別の機会があれば失礼させていただきたいと思いますけれども、それでは、お忙《いそが》しいなかですし、今日も本番前でございますので……。

国谷裕子守護霊　忙しくないですよ。まだ暇《ひま》……。

里村　そうでございますか。

国谷裕子守護霊　日中、コーヒーを飲みながらやっておりますんで、大丈夫《だいじょうぶ》ですよ。

里村　あ（笑）、そうですか。ありがとうございます。

国谷裕子守護霊　うん。

二十一年も続いている「長寿番組《ちょうじゅばんぐみ》の秘訣《ひけつ》」を語る

里村　それでは、まず最初に、先ほど申し上げました、この「クローズアップ現代」が開始後二十一年ということで、平日、毎晩のように放映（月～木）されている、いわゆる帯番組《おびばんぐみ》の長寿《ちょうじゅ》番組としては、タモリさんの「笑っていいとも！」も今年三月末で終わる今、極《きわ》めて貴重な存在になられていまして……。

国谷裕子守護霊　（笑）すごい飛躍《ひやく》をされましたねえ、今。

里村　いやいやいや。帯番組というのは、司会をされる方の体力的な負担や精神的な負担も、非常に大きなものがありますので、二十一年間も、よく続けてこられたと感じます。そこで、ご感想や、「なぜ二十一年も続いてきたのか」というあたりのことについて、ご自分で思われるところを、ぜひお聴《き》かせ願います。

国谷裕子守護霊　「私が取材される」なんて、参ったですね。こういうのを取材する側で、「二十一年間もなぜできたのでしょうか」と訊くほうが、私の仕事なんですよね。

昨日《きのう》（二月三日）は、スキーをやっている三十四歳《さい》の女性（上村愛子《うえむらあいこ》）に取材した、「もう三十を過ぎて、やるのがつらい」という番組をやったところです。年をとれば、肉体は衰《おとろ》えていきます。肉体が衰えていくのに、三十四歳で腹筋を固めて、「なかが割れているんです」みたいな感じで鍛《きた》えていて、垂直にして体の軸《じく》がぶれないようにするトレーニングなどを取材しましたのでね。

それが、私のほうがやられるというのは、ね？　確かに、三十四よりは上ですけどね、まあ……。

里村　ええ。二十一年ですから、並大抵《なみたいてい》ではございません。

国谷裕子守護霊　いやあ、もう、平凡《へいぼん》の積み重ねなんですよねえ。

里村　ほう。

国谷裕子守護霊　ただねえ、もう惰性《だせい》なんです。慣性《かんせい》っていうかなあ。慣性なんですよね。

「クローズアップ現代」で「大川隆法の全体像」をつかめるか

里村　しかし、毎回さまざまなテーマを取り上げていますが、昨日はスポーツで、今日もスポーツ（スノーボードの平野歩夢《ひらのあゆむ》）ですよね。

国谷裕子守護霊　いや、でも、大川隆法さんみたいなものですよね。もう、まねしているのかもしれない。

里村　ということは、その背景には「超人的《ちょうじん》な努力」があることになると思うのですけれども、そのへんの秘訣《ひけつ》やご感想等をお願いできますでしょうか。

国谷裕子守護霊　いやあ……、何だか、さっき（収録前の）お話を聞いていたら、私が、新幹線のなかで大川さんに発見されていたらしいと言っていました。関西にご出張されたときに、私が新幹線に乗っていたところを見られていたらしいので。

里村　はい、はい。

国谷裕子守護霊　あちらに観察されて、私のほうが観察できなかったというのは、まことに残念です。

やっぱり、キャスターとしては、大川さんが読んでいる本が何かを見るのが仕事で、こちらが見破らなきゃいけないところを、自分のほうが見られていたらしいというのは悔《くや》しいですねえ。うーん……。

里村　ほう。ということは、大川総裁、あるいは幸福の科学に、ご関心がおありなんですか。

国谷裕子守護霊　いやあ、そりゃあ、もう日本人なら、みな知っているでしょう？　それは当たり前だし、放送界に籍《せき》を置く人間で、知らない人はいないですよ。ただ、「クローズアップ現代」だって、とてもじゃないけど捉《とら》えられるような人ではないですよ。

里村　ほうほう。

国谷裕子守護霊　これは、難しいですよ。

綾織　でも、チャレンジする価値はあるのではないですか。

国谷裕子守護霊　いやあ、これは、二十六分じゃ無理ですよ。これは無理だわ。うん、どう考えても、どう考えても無理ですねえ。

綾織　スペシャル番組などもありますし……。

国谷裕子守護霊　いや、だから、全体像をつかむのが、そんなに簡単じゃないです。

里村　その、「難しい、簡単ではない」というのは、どういう部分が、でしょうか。

国谷裕子守護霊　いやあ、こう、日本人離《ばな》れしてますよね。

里村　はい。「日本人離れしている」と感じられるポイントは？

国谷裕子守護霊　完璧《かんぺき》に日本人離れしてる。こんな人はいないわ、今ねえ。

ＮＨＫの取材を断る人がいないのは〝公正・中立〟だから？

国谷裕子守護霊　あなた、私の仕事みたいなものを誉《ほ》め上げてくださって、持ち上げるのがお上手な方だから……。

里村　いえいえ。

国谷裕子守護霊　「いろいろな領域に」っていうけど、私のほうは、ニュースとか題材があってのことですし、ＮＨＫだから、いろんな人が出てくれるわけで、取材をするのでも、ＮＨＫの取材を断れる人はめったにいないのでね。あの、ほら、いやらしい番組でなければ、「ＮＨＫです」と言うと、たいてい、取材に応じます。みんなに〝公正・中立〟と思われているから、たいていは取材できるのでね。

里村　はい。

国谷裕子守護霊　まあ、だから、それでバラエティーがあること自体は、別に不思議でも何でもないんだけども……。

ただ、個人として、自己発信で、いろんなものを発信するところは、やっぱり、あれですよねえ。

今年も、籾井《もみい》（勝人《かつと》）会長から、黒田官《くろだかん》兵衛《べえ》から、まあ、いろいろと、「多彩《たさい》にＮＨＫを〝締《し》め上げて〟くださるなあ」と思ってますよ。

里村　いえいえ。今年は、本当に、「ＮＨＫをクローズアップ」なんですよ。

国谷裕子守護霊　そんなに関心を持たなくていいんですよ。

里村　いえいえいえ。

国谷裕子守護霊　もっと宗教のほうにフォーカスされてもいいと思うんですけどねえ。

各新聞・テレビを調べて「ＮＨＫのバランス」をチェック

綾織　すいません。先ほど、「公正・中立と思われているＮＨＫ」という言葉があ

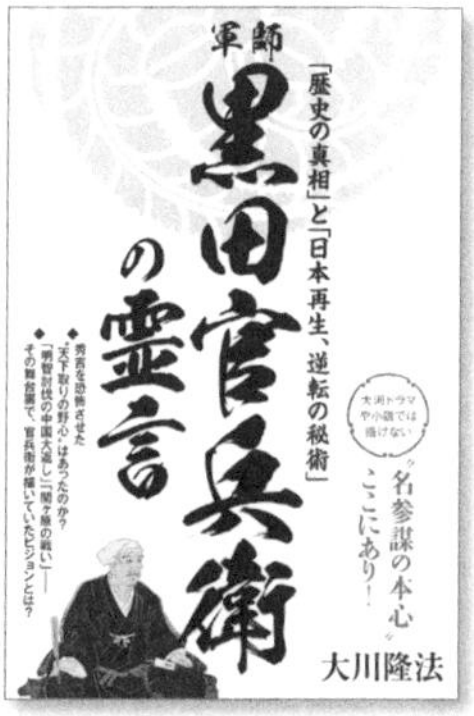

2014年1月21日、本年ＮＨＫ大河ドラマの主人公・軍師・黒田官兵衛の霊言を収録。

『軍師・黒田官兵衛の霊言』（幸福の科学出版）

りましたが……。

国谷裕子守護霊　まああそれは、議論があるのは……。

綾織　「思われている」という状態なんですね？

国谷裕子守護霊　議論があるのは存じ上げておりますが。

綾織　なるほど。

国谷裕子守護霊　ですから、朝から各新聞、各テレビのいろんなニュースも見たりして、バランスを取って、「ＮＨＫのスタンスはどうすべきか」っていうのは、いちおう自分たちでチェックはしてますけどね。

綾織　ほう。「バランスは取れている」と思われているのですか。

国谷裕子守護霊　（頭を掻《か》きながら）いやあ、厳しいなあ（苦笑）。

綾織　いえいえ。客観的な話でいいんですけどね。

国谷裕子守護霊　いや、「産経新聞が中道《ちゅうどう》だ」と言うのなら、バランスは取れてないかもしれません。

綾織　はあ。

国谷裕子守護霊　ええ。取れてないかもしれませんけども……。

「クローズアップ現代」は「現代を映す鏡」？

国谷裕子守護霊　うーん、ＮＨＫって、いちおう、「鏡」みたいなものなので、ＮＨＫの報道を見て、みんなが右か左かを決めているんじゃないでしょうか。

綾織　それでは……。

国谷裕子守護霊　そういう意味で、あの籾井会長が（就任会見で）言った、「政府が『右』と言っているものを、われわれが『左』と言うわけにはいかない」みたいな言い方は、ちょっと誤解を招く言い方で、ＮＨＫは中立・公正でなくては……。

綾織　「クローズアップ現代」そのものも鏡ですか。世間《せけん》を映《うつ》す鏡なのでしょうか。

国谷裕子守護霊　いちおう、「現代を映す鏡」のつもりでやってはいるんですが、あるいは、「私の目に映ったもの」が中心に見えているのかもしれませんがね。

綾織　本当に、その真っ直《す》ぐな鏡で映していますか。

国谷裕子守護霊　厳しいなあ……。厳しいなあ。

里村　いやいや。本当に、厳しくしようとは思っていないんですけれども、今、非常にいいお言葉と……。

国谷裕子守護霊　昨日、お誕生日だったのでねえ。

里村　はい。

国谷裕子守護霊　もう、今は、チョコレートでもいいぐらいの感じですよね。ケーキでもいいし……。ほんとね。

里村　え？　チョコレートは、今月は、男性がもらう番なんですけど。

国谷裕子守護霊　ああ、そうか。

里村　はい（笑）。今、「鏡」という話も出ましたけども、一つちょっと……。

国谷裕子守護霊　いや、〝マスコミ同士〟の戦いは厳しいですねえ、なんか、やっぱり……。

3 「籾《も》井《い》会長発言」を番組で取り上げるとしたら

幸福の科学広報担当に籾《もみ》井《い》会長コメントを求める国谷氏守護霊

里村　今、国谷キャスター守護霊様のほうから、先に籾《もみ》井《い》会長のお名前が出たので……。

国谷裕子守護霊　ありゃりゃりゃりゃりゃりゃりゃりゃ……。

里村　はい。その鏡で照らしまして、籾井会長の今回のお言葉というのは、どのように？

国谷裕子守護霊　ああ、失敗したわあ。いやそりゃあ……、NHKの〝心臓部分〟に、あなた、〝時限爆弾《ばくだん》〟を付けるような話ですから。この本が出たら、もう終わりになる可能性があるじゃないですか。

里村　はい。

国谷裕子守護霊　それは……、スタッフの許可を取らないと、やっぱり、めったなことは言えませんね。

あなたはどう思います？

籾井勝人（1943～）
元三井物産副社長、日本ユニシス特別顧問。2014年1月25日、NHK第21代会長に就任。
就任時の率直な発言を捉えて、一部マスコミが非難の声を上げ、国会でも取り上げられるなど、話題になっている。（本書19ページ参照）

里村　ええと、私ですか……。

国谷裕子守護霊　ええ。

里村　あのー、いろいろと考えはあるんですけれども。

国谷裕子守護霊　うん。一言二言《ひとことふたこと》……。

里村　今、私が言う場所ではありませんので。

国谷裕子守護霊　幸福の科学を代表する広報担当として、一言二言、籾井会長のあれについてコメントを頂けませんか?

里村　私は、「ある意味で、『ＮＨＫの役割』というものを、今回、本当によく発言されたな」と思っている一人ではございます。

国谷裕子守護霊　え？　ＮＨＫの役割をよく……？

里村　はい、はい。それで注目を集めたんだと。

国谷裕子守護霊　だけど、なんで、「ＮＨＫの役割」だけで、あんなに、みんななから攻撃《こうげき》されるんですか。

里村　さて、そこなんですけれども、「なぜ、あれが攻撃されるのか」と？

国谷裕子守護霊　うん。

里村　例えば、朝日新聞の「公正・中立性が保たれるのか。トップが個人の心情を公《おおやけ》にすれば、番組に反映されるのではないかと疑われる」といったようなものがありますが、なぜ、籾井会長のご発言に対して、あんなに反発が出たのかと？

国谷裕子守護霊　だから……。「『安倍《あべ》首相のお友達グループ』の一員と見られている」ということなんじゃないでしょうかねえ。

だけど、「別に、『お友達』でも構わない」とは、私は思うんですよ。

里村　ほほう。

国谷裕子守護霊　ただ、発言の内容によりけりだと思うんで。「お友達」でも別に構わないとは思うんですけどね。

「クローズアップ現代・籾井《もみい》会長特集」の番組構成案は？

綾織 「クローズアップ現代」で、この会長のことを取り上げるというのは、さすがに難しいと思うのですが。

国谷裕子守護霊 ハハハ……、それは厳しいでしょうねえ、まあ。全員、辞表を出してからでしょうね。

綾織 仮に、取り上げるとしたら、どういう構成になりますでしょうか。やはり、「問題発言は問題発言だ」という扱《あつか》いになってきますか。

国谷裕子守護霊 まあ、これについては、マスコミ界も、お互《たが》いにあまり手を出しすぎると、暴力団の抗争《こうそう》みたいになることがあるので。

「ＮＨＫ会長の発言が公正・中立かどうか」をチェックしたければ、本来は、ほかのテレビ局の方々の意見を聞かなければいけないでしょうね。たぶん、テレビ局の、少なくともディレクター以上の方々のご意見とかを聞かなきゃいけないし、彼の出身母体であるところの会社ですね、前身の会社および前々身の商社の知り合い等の意見も聞かなければいけないでしょう。

あるいは、昔の友人とかも出てきていますから、そのあたりも、ちょっと、もう一回、裏取材は……。

綾織　なるほど。取材していくと？

国谷裕子守護霊　出すか出さないかは別として、本当かどうか、どんな人だったのかについて、取材はしなければいけないでしょうね。

「豪放磊落《ごうほうらいらく》である」ということ自体が罪だとは、私には思えない。それはいいと思うんですよ。

綾織　はい。

国谷裕子守護霊　英雄《えいゆう》に豪放磊落な人は多いですから、別に構わないと思うんですけどね。

だけど、「その『豪放磊落』に、どんな付加価値があるか」というところが問題でしょう。

「どの識者の意見を取り上げるか」で結論は変わってくる

里村　今の案は、番組構成としては面白《おもしろ》いですね。かつての同僚《どうりょう》とか、いろいろな方に話を聞いていくと。

国谷裕子守護霊　ただ、まあ、ストップをかけられる可能性は高いですね。

里村　そこは仮の話なんですけれども、いろいろな人に話を聞くとして、では、あの発言の白黒といいますか、そういう部分に関して、例えば、「どんな識者などを持ってくるか」といったことへのお考えはありますか。

国谷裕子守護霊　それは、出し方によって結論が変わってくる可能性はありますよね。

里村　ええ。

国谷裕子守護霊　だから、現職の方が出てこられるかどうかは分からないですけどね。現職の各放送のトップクラス、もしくは、責任のあるディレクター系の人が、

ＮＨＫ会長についてコメントをくださるかどうかは、やはり、さすがにＮＨＫでも、これはちょっと微妙《びみょう》です。もしかしたら、そのあと、〝戦闘《せんとう》状態〟に入る可能性がないわけではないので。まあ、新聞界もちょっとあるでしょうけど。いや、コメントしたい人は、いっぱいいるとは思いますが……。

これの編集はそんなに簡単ではないけど、いちおう、〝左右〟両方の人に聞かなければいけないでしょうねえ。

「クローズアップ現代」の論調は本当に中立か

里村　ただ、普段《ふだん》、「クローズアップ現代」のほうも観《み》ておりますと、必ずしも、それだけ右と左のバランスが取れているというわけでもないように感じるんですけれども。どちらかといえば、世間《せけん》で言う「左」のほうに、結論が行くことが多いです。

国谷裕子守護霊　まあ、そっちに持っていこうと思えば、三井物産《みついぶっさん》時代に彼と取引して損をした人あたりを取材して、それを流せば、そういうふうになりますわね。基本的にはね。

里村　ということは、右でも左でも、どうとでも按配《あんばい》できる？

国谷裕子守護霊　それは、可能性としてはありましょうね。

ただ、全体的には、ＮＨＫとして「はしたない」とか「バランスが取れていない」とかいうように見えてはいけない。やはり、「バランスが取れているように見せないといけない」というところはありますわね。

4　新会長の「ＮＨＫ改革」をどう見るか

「籾井《もみい》会長発言」後のＮＨＫスタッフの反応は？

綾織　会長の件について、今のスタッフの方々はどういう反応なんですか。会長が会見をされて、国会にも呼ばれましたが。

国谷裕子守護霊　いやあ、今はですねえ……、正直申し上げまして、〝お通夜《つや》〟ですね。

里村　ほう！

綾織　お通夜？

国谷裕子守護霊　ええ。たとえれば、前会長が死去されて、お通夜をして、新任会長が発表されたような状態ですかね。

綾織　うーん……。

国谷裕子守護霊　だから、「お通夜の期間中」は、やっぱり、ちょっと喪に服してなきゃいけないから、要注意ですよね？　政治的見解等の発信については、極《きわ》めて要注意なので、ソチ・オリンピックあたりをやっているのがいちばん無難《ぶなん》な……。

綾織　なるほど（笑）。今は、ごまかしながら、ちょっと様子を見ていると？

里村　それで、今週のような特集テーマをやっているんですね？

国谷裕子守護霊　いやあ……、まあ、なるべくですね、政治的に、〝リトマス試験紙〟に引っ掛《か》かるようなものは、うまく避《さ》けたい部分がありますよね。

国谷氏守護霊から質問者への「逆インタビュー」

里村　今、発信物については伺《うかが》いましたが、仲間内《うち》では、どんな感じですか。

国谷裕子守護霊　うん？

里村　仲間内では、どのように言っているのですか。

国谷裕子守護霊　いや、あなたにさっき質問して、こちらの綾織さんに質問してないから、私、綾織さんのほうにもちょっと訊《き》かなきゃいけないと思って。

綾織　何でございますか。

国谷裕子守護霊　インタビューしなきゃ。あなたは、会長をどう思っていらっしゃるんですか。

綾織　非常に立派な方だと思いますし、ぜひ、このまま、本音を話し続けていただくのがいいかなと思います。

国谷裕子守護霊　そうですか。その見解は産経新聞の見解とも一致《いっち》すると思いますか（綾織は元・産経新聞記者）。

綾織　それは、一致するものもあるし、違《ちが》うものもあると思います。

国谷裕子守護霊　あら？　違うものもあるんですか。

綾織　あると思いますよ。

国谷裕子守護霊　どんなところが違うんでしょうかね？

綾織　いろいろ個々の発言を見ると、非常に〝粗《あら》い発言〟をされていますので。

国谷裕子守護霊　ああ。粗い言葉のね。

綾織　そのへんはちょっと……。

国谷裕子守護霊　なるほど。それは、確かにね。

綾織　「もう少ししっかりやってもらいたいな」というのはあります。

国谷裕子守護霊　ええ、ええ。言論界で仕事をしていた方ではありませんから。本音で話し合う商社マンの世界なら、あんな感じでいいのかもしれないけど……。

「ＮＨＫ全部の改革」まで行くのは難しい

里村　ただ、それは商社マンだけではありません。

国谷裕子守護霊　私のところも、〝ルーツ〟が商社だって、さっき明かされてしまったから、ちょっとあれなんですけども。

里村　これは商社マンだけではなくて、「現代社会に大きな影響力《えいきょうりょく》を持つ」という意味で言うと、「物言うマスコミ人の存在」というのは、私は非常に大きいと思います。

国谷裕子守護霊　だけど、立場にもよりますよね。

里村　ただ、その立場がですね……。

国谷裕子守護霊　下《した》っ端《ぱ》で、失言したらクビになっていい人は構わないけど、けっこうクビになってはいけない人が、やっぱり、それなりに慎重《しんちょう》になっていくのは、まあ、官僚《かんりょう》も一緒《いっしょ》でしょうけど……。

里村　ただ、「それをマスコミとしてクビにする」というのは、要するに言論封殺《ふうさつ》になりますので、基本的にあってはならないことですよね？

国谷裕子守護霊　いやあ、微妙《びみょう》……。それを言っている人もいますよ。読売新聞の主筆で会長みたいな方（渡邉恒雄《わたなべつねお》氏）は、主筆のわりに、そんなに公正・中立じゃないですよね？

里村　はい。

国谷裕子守護霊　もう、趣味《しゅみ》で好き嫌《きら》いがはっきり出ていますよね？　まあ、そういうあり方もあるけど、それは、強大な権力をバックに必要としますわねえ。だから、今の会長は、安倍《あべ》政権が続くかぎりにおいては、一定の援軍《えんぐん》がついてい

『ナベツネ先生 天界からの大放言』
（幸福の科学出版）

ると思ってはいるでしょうが、ＮＨＫの職員は一万人を超《こ》えているかもしれないので、これ全部の改革まで行けるかどうか。それは難しいでしょうねえ。

「会長の個人番組」は勘弁《かんべん》してほしい

里村　ということは、非常に婉曲《えんきょく》的に表現されていますけれども。

国谷裕子守護霊　それはそうですよ。もちろん、そうです。

里村　要するに、「会長失格だ」というふうに……。

国谷裕子守護霊　いや、そんなことをねえ、私が今、言える立場じゃないんですよ。そんなことを言うような立場じゃないんで……。

里村　ただ、「個人的見解を述べる立場でない人が述べた」というようにご覧になっているわけですか。

国谷裕子守護霊　私みたいな人間はですねえ、失言して安倍さんがＮＨＫに怒鳴《どな》り込《こ》んでこられたときに、〝クビ〟を差し出すのはしかたがないと思ってるんですよ。「看板を下ろしました。若い女性に替《か》えましたから、ご勘弁《かんべん》ください」って言えば、もうそれでＮＨＫは体面《たいめん》が保てて生き延びられるけども、会長のところが〝クビ〟を取られたら、いちおう組織としてはいけないことですからね。

綾織　でも、逆に、現場としてはどうなのですか。「会長が考えていることに耳を貸さない」というような状態なのでしょうか。

国谷裕子守護霊　とにかく、「会長の個人番組」というのは勘弁いただきたいと思ってます。

綾織　はい（笑）。

国谷裕子守護霊　もう、私たちは生きた心地がしないので。

綾織　それはそうかもしれません。分かりますけれども。

国谷裕子守護霊　まずアナウンサーの特訓から始めて、標準語を話す練習から、ぜひ、お入りいただきたいと思ってます。

政治が難しければ「国際問題」で時間を稼《かせ》ぐことは可能

綾織　番組そのものに対して、今後、どういうかたちかは分かりませんが、「圧力」

とは言わないまでも、何らかの注文がつく可能性はあると思います。

国谷裕子守護霊　でも、彼も国際派でございますから、その意味では、私どものスタンスは理解いただけるんじゃないかとは思うんです。

だから、今、政治ものがちょっと難しければ、いざというときは国際問題のほうにちょっと入っていって、しばらく時間を稼《かせ》ぐことは可能です。

綾織　国際問題であっても、中国の問題とか韓国《かんこく》の問題とかがあります。

国谷裕子守護霊　まあ、そのへんがねえ……。そうなんですよね。

綾織　これについては、いろいろなスタンスが問われますよね？

国谷裕子守護霊　うーん、そうなんですよね。そのへんは、ちょっと問題があるんですよ。

「三年間、どうやって持ち堪《こた》えるか」という現場の雰囲気《ふんいき》

里村　はっきり言って、今、ＮＨＫ内部では、会長の〝寝首《ねくび》〟をかこうとしています。実は、あの方は、過去世《かこぜ》でそういうことを経験されておられるのです（前掲《ぜんけい》『ＮＨＫ新会長・籾井勝人《もみいかつと》守護霊本音トーク・スペシャル』参照）。

そのような行為《こうい》というのは、「ＮＨＫのお家芸《いえげい》」と言うと、少し失礼ですが、内部には……。

国谷裕子守護霊　いや、ああいう人は、だからねえ……。今は謝《あやま》ってばっかりいるみたいですけどねえ。新聞社とか、いろんなところに、「すみません」ばっかり言ってるけど。

まあ、もともと、もう七十ですからねえ。懲《こ》りない人だと思うんですよ。そんなねえ、私らのほうから見れば、本心かどうかぐらいは、見ればすぐ分かることでございます。

自分のためになんか謝ってませんよ。だから、NHKの職員の雇用《こよう》を守るために謝ってくださっているんだと思っています。

里村　そういう意味では、雇用主として、経営者として、ご尊重されているのは分かりますけれども、発言内容自体は大きな問題だと思っていらっしゃる？

国谷裕子守護霊　うーん。まあ、「安倍首相のシンパシーが得られるようなNHKでありたい」っていうことを、具体的な別の話でなされたのかなというふうに思いますけどもね。

綾織　それに対しては、どうお考えなんですか。「そういう方向でやむなし」という現場の雰囲気《ふんいき》ですか。

国谷裕子守護霊　まあ、現場の雰囲気は、会長の任期が三年ぐらいだと思うので、「三年間、どうやったら持ち堪《こた》えられるか」ということについて、みんな、〝計算〟に入ってます。

綾織　持ち堪えられる……。基本的には「保身の状態」なんですか。

国谷裕子守護霊　いやあ、ハハ……、「保身」という言い方は、あまり私どもは、うーん。

綾織　何となくやりすごしたい？

国谷裕子守護霊　まあ、長いです。こちらも二十年以上やっていますからね。三年ぐらいはあっという間に過ぎていきますから。なるべく、逆鱗《げきりん》に触《ふ》れないようにしつつ、「『ＮＨＫらしさがなくなった』と言われたら駄目《だめ》だ」というあたりのところを、うまくやらなきゃいけないですねえ。

5　中国報道の「ギブ・アンド・テイク」とは

「女性の地位が低くなるもの」を攻撃《こうげき》したい

里村　今、籾井《もみい》会長の問題についてクローズアップさせていただいておりますけれども、個別の話のほうに入っていきたいと思います。

まず、国谷さんの守護霊ご自身は、韓国《かんこく》の従軍慰安婦《じゅうぐんいあんふ》の問題について、どのようにお考えになられているのですか。

国谷裕子守護霊　（やや困惑《こんわく》ぎみに）来ましたねえ。

里村　ええ。

国谷裕子守護霊　まあ、うーん……、会長がどう……。

里村　いや、会長の話は、もういいんです。関係ありません。

国谷裕子守護霊　あ、そうか。じゃあ、もう結論は出たんですね？

里村　はい。会長は。

国谷裕子守護霊　会長の結論は出ているんですね？

里村　はい。会長の思惑《おもわく》は結構です。ご自身のほうをお願いします。

国谷裕子守護霊　まあ……、私としてはですねえ、「女性の地位が低くなるものは、何となく、取り上げて攻撃《こうげき》したい」っていう感じは、マスコミ人として持っていますけどもねえ。

だから、そういう傾向《けいこう》が拭《ぬぐ》い去れないものであるなら、それは一つ注目はしておかねばならんかなと思います。

安倍《あべ》首相の基本は「軍国主義復活」なのか

国谷裕子守護霊　まあ、そこのところを、あなたがたも言っておられるんだろうけども、もし、うまく蓋《ふた》し切ることで、「先の戦争責任みたいなものがまったくない」というところに、全部を持っていって、そして、それが、「安倍《あべ》さんの『軍国主義精神の復活』に拍車《はくしゃ》をかける」ということであれば、「御用《ごよう》テレビ局」ということになるのかなと思いますが。

里村　安倍さんの路線は「軍国主義復活」ですか。

国谷裕子守護霊　うーん、基本はそうでしょうねえ。

里村　ははあ。どういう部分が？

国谷裕子守護霊　基本は、それしか考えていないんじゃないでしょうか。

里村　え？　「基本」というのは、例えば、何を題材に、そのようにお考えになるんですか。

国谷裕子守護霊　うーん……、「ジャパン・イズ・バック」なんでしょう？

里村　いや、あれは経済的な部分で……。

国谷裕子守護霊　だから、昭和二十年以前にバックするんでしょう?

里村　いえいえいえ。

綾織　ということは、今、中国や各国の大使が、「日本は軍国主義をまた復活させるんだ」というように宣伝活動をしているわけですが、国谷さんも、基本的にはそういうスタンスになるのですか。

国谷裕子守護霊　いや、私は、先ほど名誉《めいよ》のご紹介《しょうかい》にあずかりましたけど、香港《ホンコン》のインターナショナルスクールで広東《カントン》語で苦しんだ人間でありますので、別に、「中国にゾッコン入れ込《こ》んでる」なんていうことはございません。

まあ、アメリカの影響《えいきょう》のほうが強うございますけども、アメリカだって、今、ちょっと日和見《ひよりみ》をしているような状態なので、私どもも、そのアメリカの動向っていうのは非常に注目して感じ取ろうとしているところですけどもね。

中国はもともと「軍国主義の国」

里村　中国のほうこそ、「軍国主義復活」というか、軍事拡大で来ているように言われているのですが、国谷さんは、どうお考えですか。

国谷裕子守護霊　中国が「軍国主義復活」ですか。

里村　ええ。

国谷裕子守護霊　いや、中国は、もともと軍国主義の国なんじゃないでしょうか。

里村　ずーっと一貫《いっかん》しています。はい。それはそうです。

国谷裕子守護霊　軍国主義の国で、中国は「軍事の歴史」ですよね？　ほとんどねえ。だからそのときどきに軍事が弱くなる時期が周期的に訪《おとず》れている。それを「平和」と呼ぶかどうかは知りませんが、そのときに、ほかの国によく侵《しん》略《りゃく》されていますよね。

里村　「クローズアップ現代」が始まった時代というのは、まさに●鄧小平《とうしょうへい》路線で経済をしっか

鄧小平の霊言が収録された『アダム・スミス霊言による「新・国富論」』（幸福の科学出版）

鄧小平（1904～1997）
中国共産党中央軍事委員会主席。「改革開放」路線を行い、中国の経済発展を促す一方で、1989年天安門事件の際には抗議デモを弾圧し、共産党一党独裁体制を維持した。（写真：深圳経済特区の大通りに掲げられたポスター）

り強くした時期です。それから二十年たった今、その力が軍事のほうに向いて、特に「海洋戦略」や「宇宙戦略」が進んでおりますが、この中国の軍事的覇権《はけん》の拡大について、どのようにご覧になっていますか。

国谷裕子守護霊　うーん……、核心《かくしん》的なところに迫《せま》ってきますね。あなたは、私をそんなに引退させたい？

里村　いえいえ。もっとご活躍《かつやく》いただきたいので、そのへんのお考えを、ここでお聴《き》かせください。

国谷裕子守護霊　うーん……。これは〝あれ〟ですねえ。もう、〝取り調べ〟に近いですね。やっぱり司法取引に近いですよ。

綾織　いやいや。

国谷裕子守護霊　いやいや、仲間を売るかどうか。「仲間を売るなら助けてやる」って言っているような感じに聞こえますね。

ＮＨＫが「中国の軍拡」に触《ふ》れられない理由

綾織　客観的な話で言いますと、昨年十一月に「模索《もさく》する中国」という番組が二回にわたって放送されました。このなかで、「国民のなかに不満がたくさん出てきている」ということを取材されているんですけれども……。

国谷裕子守護霊　そうですね。

綾織　一方で、中国の軍拡の部分については、ほとんど触《ふ》れられていないんですよ。

この二回は、ある意味で「特集」だと思うのですが、このスタンスに立っていきますと……。

国谷裕子守護霊　ああ。でも、「経済格差が広がってる」っていうようなことは報道してるし、「隠《かく》れた宗教信者、クリスチャンとか、そんなものも広がっていて、救いを求める人たちが増えてきている」っていう、下層の階級の苦しみみたいなものと、あとは、「成金《なりきん》たちの所構《ところ》わぬ所業」みたいなものは、いろいろと間接的に取材している部分を流してはいるけども。

軍国主義そのものについては、向こうも秘密保護法に負けずに秘密をかけてくるようでございますので、今後、ますます取材が厳しいものになるかと思いますが。

だから、ほかのものに載《の》ったようなものを間接的に流したりするのは可能なんですけど、直接、うちの取材で流すとなりますと、今後、いろんなところに影響が出てくることは出てくるので、そこが難しいところですね。

里村　「いろいろなところの影響」といいますと？

国谷裕子守護霊　まあ、国際ニュースをつくるに当たっての……。

里村　番組製作をするに当たっての「上で」ですね？

国谷裕子守護霊　私自身の考えで、そこまで影響を出していいかどうかがありますからね。

「唯物論《ゆいぶつろん》の建前《たてまえ》」を崩《くず》していない中国

里村　ただ、中国国内では、ＮＨＫの放送をブラックアウトさせたりしています。これについては、よろしいのでしょうか。「ブラックアウトも構わない」と？

国谷裕子守護霊　まあ、日本人も中国の放送なんか観《み》てませんから、別によろしいんじゃないですか。

里村　ただ、国際放送にもいろいろと関係してこられた国谷さんとしては、普遍《ふへん》的な「言論の自由・報道の自由」という観点から、その部分に関し、どうお考えになっていますか。

国谷裕子守護霊　そりゃあ……、あんまり望ましいものではないと思ってますけどもねえ。

あなたがたの、あのアニメ映画でさえ、「霊《れい》

映画「永遠の法」（2006 年公開／製作総指揮・大川隆法）
高校生の主人公が霊界探訪をし、世界の真実に目覚めていくストーリー。

界《かい》のシーンを描くところは、ブラックアウトした」とかいう話でしたから。だから、『唯物論《ゆいぶつろん》の国』という建前《たてまえ》を崩《くず》していない」ということでしょう？「香港で（映画の）『永遠の法』（二〇〇六年公開）を流しているときに、霊界のシーンでブラックアウトするところがあった」と聞いています。

そのへんの建前については、やっぱり崩してはいないんだと思いますねえ。

「クローズアップ現代」に報道の自由を問う

綾織　その部分は、「クローズアップ現代」で取り上げるテーマにはなりませんか。

国谷裕子守護霊　うーん……。いや、喧嘩《けんか》を売るつもりであればやってもいいですが、その後、取材がもっと難航しますよね。

本当は、あちこちの自治区で起きている反乱とか、弾圧《だんあつ》とか、いろんなものの取材をもっともっとしたい気持ちはありますが、行ったら最後、投獄《とうごく》されてしまう可能性もあるのでね。クルーが投獄されたりすることもあるので。

やっぱり、そのへんのスタンスは、ずーっとウオッチされているんですよ。だから、「私たちのスタンスが、どうであるか」っていうことは、ずーっとウオッチされてて、どの程度まで許可を与《あた》えるに値《あたい》するか、〝格付け〟されているわけですよね。

綾織　「中国当局の許可の範囲《はんい》内で、『クローズアップ現代』の報道の自由はある」という感じなんですか。

3000人とも言われる死者を出したウルムチ騒乱（漢族がウイグル族を殺害した事件に端を発する抗議活動）に対し、力で弾圧する当局を非難するデモ。

国谷裕子守護霊　まあ、そうはおっしゃいますけども、中国のテレビ局が来て、日本を取材しようとしたって、そんなに自由ではないですよ。警察がついてきますよ、日本だって。

綾織　でも、そこに対して、圧力を加えたりとか退去させるとかはしません。

国谷裕子守護霊　中国のテレビ局、国営放送が、日本の自衛隊とか、米軍基地に入って、「自由に取材をさせてください」と言っても、やっぱり、シャットアウトだと思うよ。

綾織　まあ、なかに入るのは難しいですけれども、何を報道するかは自由ですよね？

里村　基地については中国人だけではありません。日本人だって自由にはできません。

国谷裕子守護霊　うーん……。

「悩《なや》める中国」ぐらいの内容に留《とど》めれば取材できる

里村　さらに、もう一歩、進めますと、例えば、先ほど、中国では、「心の救い」が求められているので、キリスト教の家庭教会がありますと、NHKでの報道もありましたが、あれは、中国が国際社会に見せたい中国の姿ですよね?

一見すると、「中国政府に対する不満が、こういうところに走っている」というように見えながら、ああいうものを流すことでガス抜《ぬ》きを図《はか》っているのでしょう。あるいは、「中国政府が家庭教会というものを認めているんだ」ということを見せているわけです。そういう考えのもとにつくられている番組ですよね?

国谷裕子守護霊　うーん、まあ、それは微妙《びみょう》、微妙。駆《か》け引きは微妙で、ギブ・アンド・テイクではあるんですよ。

だから、「こちらが情報を取らせてもらうけれども、向こうが国際化しつつあるようにも見せないといけない」というあたりが、ギブ・アンド・テイク路線ですよね。それでもって取材をさせてもらえるというか、一方的に悪いことをしているように見えてはいけないわけです。

だから、自治区を取材するに当たっては、大マンションをいっぱい建てて、住民たちが住めるようにしたりしている面も見せつつも、やっぱり、「仕事をつくるのは難しい」っていうふうな感じの組み合わせで、「『悩《なや》める中国』ぐらいのところで留《とど》めておればやれる」というところですかね。

6 「国旗否定」報道の真意は？

「国旗掲揚《けいよう》」と「思想・信条の自由」とのぶつかり

里村　それでは、中国の思惑《おもわく》等を抜《ぬ》きにして、もう少しシンプルに、分かりやすいかたちで言いますと、例えば、「クローズアップ現代」では、過去において、学校における国旗掲揚《けいよう》などに対して、非常に否定的な報道をされています。これについては、どのようにお考えなんですか。

国谷裕子守護霊　うーん……、日本の学校には、そんなに通ってないもので（笑）、あれなんですけど……。

綾織　アメリカの感覚だったら分かると思います。

国谷裕子守護霊　まあ、そりゃ、星条旗は神聖なもので、日本の国旗以上に神聖に扱《あつか》うかもしれません。国民統合の象徴《しょうちょう》は、星条旗なんでしょうから。実は、いろんな国籍、いろんな民族の人が集まって、アメリカ国民をつくってますからね。

日本は「単一民族」と称《しょう》しつつも、日の丸を拒否《きょひ》するのは、おそらく、うーん……。そうは言っても、日の丸自体が、「日本の国家神道《しんとう》的なものの象徴」に見えている人もいると思うので。

まずは、共産党系、旧社会党、まあ、今の社民党系の人たちは、当然、拒否してくるのと、それから思想的に国家神道、日本神道と距離《きょり》のある宗教の方もいらっしゃいます。

キリスト教のなかにも、日本で言えば左翼《さよく》的な考え方を持つ人もいれば、仏教のなかや新宗教のなかでも左翼的な考え方を持つ人たちもいるのでね。そういう人たちも、やっぱり不愉快《ふゆかい》だと、見ている面はあるので、百パーセント肯定《こうてい》されてるわけではない。多数決では、多数は取れるとは思うんですけども。

綾織　法律では、きちんと「国旗国歌法」というのがあります。これは、公務員であれば守るべきものですよね？

国谷裕子守護霊　権利としてはぶつかるものがあるので。「個人の思想・信条の自由」っていうのも憲法では認められていますしね。

だから、校長の裁量《さいりょう》もあるんだろうけども、「『起立しなかった』とか、『国歌を歌わなかった』とか

国旗国歌法（国旗及び国歌に関する法律）
「国旗は、日章旗とする」「国歌は、君が代とする」と定めた法律。

いうことで、懲戒《ちょうかい》を加えていいのかどうか」ということは、憲法で言うところの「思想・信条の自由」や「表現の自由」等に引っ掛《か》かってくることはあります。
やっぱり、価値が対立する部分ですよねえ？

綾織　「それを守るべきだ」という立場に立たれる？

国谷裕子守護霊　いや、まあ、「どうしても嫌《いや》だ」という人を、例えば、私みたいな人を、ここ、幸福の科学総合本部に連れてくるのは、これはもう〝強制拉致《らち》〟ですけども。私が、「来たい」って言ったんじゃない……。

里村　いえいえ。強制ではありません。

国谷裕子守護霊　強制的に〝拉致〟されて連れてこられたんですけれど、（祭壇《さいだん》の

●光背《こうはい》を指して）このマーク、何か知りませんが、〝曼荼羅《まんだら》〟みたいなのが、掛かってますけれども。

綾織　光背の文様《もんよう》ですね。

国谷裕子守護霊　「ここに対して礼拝《れいはい》しなければ、許さん」と言われたら、それをするかどうかということは、個人の判断に委《ゆだ》ねられることで、「してもいい」と思えばするし、どうしてもしたくなければしないだろうけど、「しなかったら、国民としては許さん」と言われたら、やっぱり、ちょっと厳しいですよねえ。

綾織　国民としては、そういう、いろいろな自由はあると思いますが、この国旗・国歌で問題になったのは「公務員としての話」ですので、全然、違《ちが》うと思うんですね。

●光背　仏身から放射される光明を象徴的に表した円状の装飾。

〝弱い立場のみを守る報道〟は「公正・中立」なのか

国谷裕子守護霊　だから、ＮＨＫは、受信料をいろいろな思想・信条の人からも集めてるし、ある意味では、それは、左翼からも、暴力団からも、集めてるわけでございますのでね。

そういう意味では、多様な価値観を内包していなくてはいけない部分はあるんですよ。

綾織　しかし、実際に、あの番組自体は、それを拒否した教員の側に立った番組になっていますね。

里村　そうなんです。そこが問題なのです。

国谷裕子守護霊　まあ……。

里村　つまり、公正・中立性を言いつつ、実は違うんですよ。偏《かたよ》っているところがあるわけです。

国谷裕子守護霊　だけどね、横綱《よこづな》対小学生が、村祭りの土俵で試合するっていうのだったら、そう言ったって、「小学生、頑張《がんば》れ」と言うのは、これ、公正・中立なんじゃないですか？「横綱、頑張れ」とは言えないでしょう？

綾織　いえいえ。それは、法律で決まっていることですし、やはり守らないといけないという、筋があるのですけれども。

国谷裕子守護霊　国家に対してねえ、それは刃向《はむ》かっていって勝てるわけがないんですよ、個人は。

だから、産経だろうと何だろうと分かると思うんだけど、マスコミの基本的スタンスとしては、政府の味方をしているように見えても、国民に対して政府が弾圧《だんあつ》的なこととか、強圧的なこととか、圧政に近いような面を見せ始めたら、ちゃんと批判記事を書くのは、もう右でも左でも同じで、これはマスコミの存在根拠《こんきょ》だと思うんですよね。

いや、苦しい。実際に苦しい。

教員になるときの、思想調査をしてるのかどうかは知りませんけれども、いちおう、教員試験そのものには、表立っての思想調査があるわけではないとは思う。それが、なかに入ってから、そういう〝思想調査〟をやられて、リストラされていくようであれば、ちょっと、もう……。「生徒の評判」とか、あるいは、「実力」とかでなくて、「日の丸や国歌に対する敬意」でもって、いい教師かどうかを判定されるというんだったら、「教師としての判定が総合的になされてるかどうか」ってところは、問題あるでしょう?

綾織　そういう弱い立場の学校の先生、日教組《にっきょうそ》にいるような方々を、守っていかないといけないと?

国谷裕子守護霊　日教組が弱い立場にあるかどうかは、ちょっと分かりません。弱くないかもしれませんけれども、今、安倍《あべ》政権が登場してから、日教組は、非常に危機的な状況《じょうきょう》、あるいは、緊張感《きんちょう》のなかに置かれていると思います。

だから、まあ、もちろん、先生方が政治活動をするということに反対な人も、たくさんいるとは思うんですね。つまり、中立でなくてはいけなくて、生徒に対してあんまり色を付けちゃいけないっていう、〝あれ〟もあるとは思うんですけども。

だけど、自分たちに対して、安倍政権の方向性は、おそらくは、過重《かじゅう》労働をかけてくる方向であろうとは、みんな推定はしているんですよね。

だから、いわゆる……。

里村　過重というのは、ちょっと……。

国谷裕子守護霊　あ、いやあ、共産党の言葉を使えば、「ブラック企業《きぎょう》化してくる。〝ブラック教育化〟してくる」というふうに見ているんだろうと、彼らはね。

7 「天安門《てんあんもん》事件で虐殺《ぎゃくさつ》なし」報道の真意は？

明らかになった、ＮＨＫの中国に対する「報道姿勢」

里村　国谷さんのポリシーは、ある意味で、「強大な国家権力と戦う、弱者としての大衆」という図式だと思うのですが、一つお伺《うかが》いしたいのは、中国のことです。

中国共産党政府というのは、まさに強大な国家権力そのものであり、この権力が、民主化を求める北京《ペキン》の学生に対して、虐殺《ぎゃくさつ》を行《おこな》った「天安門《てんあんもん》事件」というものが一九八九年にありました。

ところが、「クローズアップ現代」のなかで、国谷さんたちのＮＨＫ側から、「天安門広場での大きな虐殺はなかった。死者はなかった」といった驚《おどろ》くべき発言が出ているようです（一九九三年六月三日放映「天安門事件　空白の3時間に迫る」）。

国谷裕子守護霊　あなたは、そんなコンピューターみたいな記憶《きおく》力を持ってるんですか。

里村　いえいえ。その発言がたいへん話題になったんです。

国谷裕子守護霊　ふーん。

里村　これはどういう意図で？

国谷裕子守護霊　「どういう意図」でって、映像では撮《と》れてないですからねえ、ちょっとしか。

天安門事件
1989年6月4日、中国の民主化を求めて天安門広場前（写真）に集まった学生等のデモ活動が弾圧された事件。対外的に厳しい報道管制が敷かれたため、実態は不明だが、人民解放軍による無差別発砲や戦車による轢殺によって、少なくとも千人以上の虐殺が行われたともいわれる。

里村　いえ、さまざまな映像や写真があります。

国谷裕子守護霊　だけど、流言飛語《りゅうげんひご》も多いですからねえ。だんだん人数が増えてきて……。

里村　「そういうことはなかった」と？

小林　否定するわけですね？（会場で聴聞《ちょうもん》していた小林早賢《こばやしそうけん》広報・危機管理担当副理事長 兼《けん》 幸福の科学大学名誉顧問《めいよこもん》が突然《とつぜん》、質問に加わる）

国谷裕子守護霊　いやあ、「戦車が出て十万人も死んだ」とか、そういう噂《うわさ》もけっこう出てるけど、「十万人を殺す」っていうのは、大変なことですからねえ。

綾織　数の議論はいろいろありますけれども。

国谷裕子守護霊　ええ、だから、そういうふうなのが、いくらでも広がっていきますからねえ。

里村　私は、天安門事件の半年後に、現場の天安門広場に行きまして……。

国谷裕子守護霊　ああ、長生きしてるんですねえ。

里村　ええ、意外と生きているんですが、銃痕《じゅうこん》を見ましたよ。あるいは、戦車のキャタピラで、人をひき殺した跡《あと》も見ました。

国谷裕子守護霊　うん……。

里村　ですから、実はあのとき、NHK中国総局の記者の方も、みなさん、見ているはずです。

国谷裕子守護霊　まあ、それはそうですけど。今だって、タイの政治で、けっこう銃弾《じゅうだん》も爆発《ばくはつ》物も飛び交《か》ったりして、選挙妨害《ぼうがい》したりしていますけども、だからといって、タイというのを、ものすごいテロ国家とか軍事国家みたいに報道するのは、ちょっと私たちにはできないところがあるので。彼らは彼らの道を、今、模索《もさく》中であろうし、中国は中国で模索をしている面もあ

『タイ・インラック首相から日本へのメッセージ』
（幸福の科学出版）

2014年２月２日、タイで行われた下院総選挙では、反政府デモや投票の妨害活動で混乱した。

ろうからねえ。

本当に「大量虐殺《ぎゃくさつ》はなかった」と考えているのか

綾織　国谷さんの守護霊《しゅごれい》さんご自身は、「天安門事件で、そういう虐殺《ぎゃくさつ》によって大量の犠牲者《ぎせいしゃ》が出たということはないだろう」というお考えに立っていらっしゃるわけですね？

国谷裕子守護霊　だって、それは、日本に置き換《か》えれば、一昨年ですかねえ、経産省前でテントを張って、反原発のデモかなんか、毎日毎日やってましたよねえ？

綾織　はい。

里村　まだあります。

国谷裕子守護霊　ええ、まだやってるんですか。

里村　はい。テントはあります。

国谷裕子守護霊　ああいうデモを、ものすごい人を集めて、金曜日の夜とかにやってました。

里村　はい。

国谷裕子守護霊　「あんなところに、もし自衛隊が出て、戦車でグワーッとやって、発砲《はっぽう》したりするような事件があったらどうするか」っていうことであれば、もちろん、「政府のほうが悪い」という立場で報道はするでしょうねえ。

綾織　そうですね。しかし、正確には一九九三年六月の報道なんですけれども、「クローズアップ現代」の番組のなかで、「天安門事件に虐殺はなかった」という結論を明らかにしているのです。

里村　これは、驚くべき、ある意味で国際常識に反した内容かと思います。

国谷裕子守護霊　（事件の現場を）まあ、私は見てない。

綾織　ああ。

中国においては「三百人」という犠牲者《ぎせいしゃ》の数は少ないのか

小林　（会場から）中国政府ですら、「三百人は殺した」と認めているんですよ！

里村　ええ。中央政府でも、「三百人」と言っています。

国谷裕子守護霊　ああ、三百人。少ないんじゃないですか。

里村　ちょっと待ってください。いや、それは中国政府が……。

綾織　あ、少ない？　少ないんですか。

里村　「三百人」も殺されたという数字は、大変な数字です。

国谷裕子守護霊　あの、そんなの、（中国には）十三億人も十四億人もいるんですよ。

綾織　比較《ひかく》の問題ですか。十三億人も十四億人もいれば……。

国谷裕子守護霊　日本の人口に直したら、三十人ぐらいですから。

小林　中国政府が認めた三百人を、四年後にあなたは否定したんですよ。

綾織　人権や、一人ひとりの命について……。

国谷裕子守護霊　三十人ぐらいだったら、今、タイだってどこだって死ぬでしょう？

小林　ほう。

里村　いや、これはちょっと、国谷さんの守護霊とは思えぬ言い方を……。

国谷裕子守護霊　グレナダだって、シリアだって、もうイランだって、そのくらいだったら、まあ……。

里村　それは、「政府に反対したほうが殺されるのはしかたがない」ということですね？

国谷裕子守護霊　いや、「政府に反対する」っていうことは、いちおうは、「そういう死を覚悟《かくご》し

『アサド大統領のスピリチュアル・メッセージ』

『イラン大統領 vs. イスラエル首相』

（幸福の科学出版）

ている」ということではあるんじゃないですか。

里村　しかし、「それはよくない」というのが、普通《ふつう》は、ジャーナリズムの一つの使命ではありませんか。

国谷裕子守護霊　もちろんそうですけども。

「丹羽《にわ》元中国大使」と同じ発言をする国谷氏守護霊

国谷裕子守護霊　まあ、鄧小平《とうしょうへい》路線で中国が新しく変わろうとしているときであったわけなので、あのときに、すごく悪い軍事弾圧国家のように言うと、せっかく中国が変わろうとしているときに、ダメージを与《あた》えすぎるしね。中国が、開放経済をやろうとしてたときだったんで、それを、ある程度、支援《しえん》しようという方向は持ってはいたんで……。

綾織　では、逆に、今であれば、そういうことをきちんと問題提起して、議論していかないといけないですよね？　今は、やらないのですか。

国谷裕子守護霊　いや、今やると、中国は、すごいアレルギーを出すんですよねえ。だから、今、そのあたりをやられると、日本が、「従軍慰安婦《じゅうぐんいあんふ》」とか、「化学兵器が使われた」とか、「人体実験された」とか、過去の日本軍がやったとかいういろいろな事件を掘《ほ》り起こされているのと同じように、現在の中国の海洋戦略をやるのを、「過去、こんな悪いことをしたところだ」と掘り出されてくる感じには見えるだろうとは思うんですよね。

里村　ただ、ある意味で、それと戦っていくっていうのが、公共放送としてのNHKの立場ではありませんか。

小林　（会場から）言っていることが、丹羽宇一郎《にわういちろう》元中国大使と同じじゃないですか！

里村　ええ。それですと、本当に、丹羽さんと同じになってしまいます。

国谷裕子守護霊　いや、それは私も〝香港《ホンコン》の飯《めし》〟は食べたことがありますけどね……。

「温家宝《おんかほう》首相」にインタビューしたときの気持ち

里村　さらに申し上げますと、二〇一〇年に、温家宝《おんかほう》首相（当時）が、日本に来たときに、〝ご指名〟で、国谷さんがインタビュアーを務めたわけですが……。

国谷裕子守護霊　（舌打ち）参ったなあ。厳しいなあ。昨日、誕生日だったの。

里村　ええ、ええ（苦笑）。それで、私のほうも、いろいろと、また改めて調べさせていただいたんですけれども。

国谷裕子守護霊　私、インタビューされるの、嫌《きら》いなんですよ。私、あなたのこと、もっと聞いて知りたいなあ。

里村　いえいえ。私のことなんか、もう、どうでもいいんですよ。〝視聴者〟は関心がありませんので。

国谷裕子守護霊　（里村の過去世《かこぜ》について）あなたが秀吉《ひでよし》って本当？

里村　いえいえ。まったくの嘘《うそ》ですけれども。

国谷裕子守護霊　これ、大変なスクープですから、クローズアップしなきゃ……。

里村　いえいえ。二〇一〇年の温家宝です、温家宝《ウェンチアパオ》。

国谷裕子守護霊　うーん。

里村　ウェン・チアパオはですねえ。

国谷裕子守護霊　（舌打ち）

2010年5月末、温家宝首相が来日。6月1日、国谷氏はホテルニューオータニで首相へのインタビューを行い、その模様が同日のNHK番組で放映された（クローズアップ現代「中国温家宝首相が語る」）。

里村　国谷さんをご指名で、しかも、そのインタビューのさなかに……。

国谷裕子守護霊　いやあ、それはねえ、私としてはうれしかったですよ。というか、あの方は、一生懸命《いっしょうけんめい》に鳩山《はとやま》さんの政権を支えようとなされていましたでしょう？　それで、鳩山政権崩壊《ほうかい》の前夜に……。

里村　前夜ですね。はい。

国谷裕子守護霊　前夜というか、やって来られてねえ、そして、そのあとに（鳩山首相が）辞職でしょう？　だから、ちょっと、向こうに恥《はじ》をかかせてしまったと思いますけど。

まあ、日中が平和を演出して、共同経済圏《けん》をつくって、「アジアを平和の海にしよう」という、ミッションみたいな感じの理想自体が、分からないわけではなかったんで、そういうふうになれば、もちろん、いちばんいいなあと思っていたのでね。私なんかが、それを、ちょっとでも手伝えることでもあればいいかなっていう気持ちは……。

綾織　あっ、「手伝う」という気持ちなんですね。

国谷裕子守護霊　まあ、「手伝う」というか、「橋渡《はしわた》し」というか、何らかのそういう役割ができれば……。

綾織　うーん。

国谷裕子守護霊　まあ、平和な未来ができるというのは、いいことじゃないですか。

だから、今、あなたがたが、戦争が起きることを期待しているようなムードをつくっておられるけども……。

綾織　いや、期待しているわけではありません。防《ふせ》ごうとしています。

国谷裕子守護霊　いやあ、やっぱり、それは仲良くなるほうが起きにくいですからね。

国谷氏守護霊がイメージしている「平和な未来」とは

綾織　「平和な未来」とおっしゃいましたが、国谷さんの守護霊さんがイメージされる、「平和な未来」とは、どういうものなのですか。

国谷裕子守護霊　まあ、今のところ、日本国憲法から見ると、日本は非常に「受け身な国家」でございますので、自分から主体的に、安倍《あべ》さんが言うような「積極的平和主義」というのをつくれるような憲法にはなっていないんですよね。「諸外国にすべて委《ゆだ》ねる」というような感じになってます。

それで、今、強国になっているのは、アメリカと中国の二国でございますので、中国が今後どうしようとしているかっていう……。まあ、もちろん意欲は持っていると思いますけれども、それに対してアメリカは、当然、考えがあって立ちはだかるわけで、アメリカがそれを完全に止めようとしに入るのか、それとも、中国と世界を半分こして、米ソ対立みたいな感じの世界

積極的平和主義
安倍首相は、2014 年 1 月の施政方針演説において、世界の平和と安定構築に向けた積極的努力を表明。アジア・アフリカ諸国を次々と訪問し、協力体制の推進を図っている。（写真：同月 14 日、エチオピアのムラトゥ大統領への表敬訪問）

観を受け入れようとするのか。それは、そういう二大大国の考え方にかかわっているることですね。

日本自体は、「積極的平和主義」と称《しょう》して、そのなかに介入《かいにゅう》していって、自主的に戦いを挑《いど》んでいくみたいなことは、やっぱり許されてないと思うんですよね。

里村　ということは、日本にとっての〝平和な未来〟というのは、中国の思惑《おもわく》にかかっていると？

国谷裕子守護霊　いや、まあ、中国を歴史的に見れば、中華《ちゅうか》思想そのものは、中国に使節を送ったり、平和的に帰順《きじゅん》したりするものに対して、屈辱《くつじょく》的なことはしないで、恩賞を与えるような感じがある。歴史的には、そういうことを、ずっとやってきた立場であるので、中国というのは、歴史的には、自分のところに〝帰依《きえ》〟するものに対して攻撃《こうげき》しないという。

綾織　日本としては、〝帰依〟していくのが望ましいということですか。

国谷裕子守護霊　いや、（中国に）〝帰依〟していくのが望ましいかどうかは知りませんが、今後、おそらく、国民のみなさんの考え方や、政治家のみなさんがたの考え方によって変わっていくだろうとは思います。

里村　ただ、「そうなるだろう」と思われているわけですね。

民主党政権に期待していた「夢」

国谷裕子守護霊　まあ、民主党政権ができるときには、ちょっと夢を持ちましたけどね。

里村　え？　「夢」ですか。どういう夢を？

国谷裕子守護霊　なんか、そういうふうな平和な未来ができる夢を、持ったことは持ったんですけどねえ。

むしろ、仲良くなることによって、そういう、中国の「海洋進出」という考え方を、敵視するんじゃなくて……。

綾織　ほう。

国谷裕子守護霊　アメリカが、沖縄《おきなわ》に基地をあれだけ持っていても、「日本を守ってくれているんだ」っていう見方だってあるわけでしょう？　あなたがたはそうなんでしょうけど。

まあ、そういう見方もあるように、中国と仲良くやることによって、「ああ、中国が、日本を含《ふく》むアジアの海を守ってくれてるんだ」という考えも……。

綾織　では、中国軍が、アメリカ軍の代わりに入ってきて守るという……。

国谷裕子守護霊　いや、それは、米中の話し合いによりますから。力関係と話し合いに。

里村　例えば、国谷さんの守護霊としては、「日本にとってのシーレーンの確保も、ある意味で、中国海軍によって守られる。日本も守られる」という考え方もあると思うわけですね。

国谷裕子守護霊　まあ、私を、左翼《さよく》にしてしまいたいんだろうけれども……。

里村　いえいえ。そんなことはありません。

国谷裕子守護霊　そうは言ってもですね、アメリカ自身だって、そんなに一貫《いっかん》してるわけではなくて、「安倍政権が、いきなり、首輪を抜《ぬ》いた犬みたいに、走り出したりするんじゃないか」と、非常に警戒《けいかい》してるわけで、オバマさんが四月に訪日されるという真の目的は何か、まだ明らかにはなってないですけども、たしなめようとしてる感じはするんですよね。日本に、「何とか守ってやるから、暴発はするな。自分から、自主的に、タカ派路線で相手を挑発《ちょうはつ》しないでくれ」と、たぶん、たしなめにくるのかなあというふうには読んでるんですけどねえ。

8 「弱者の味方」という発想の原点は？

国谷氏守護霊は「普天間《ふてんま》基地移設問題」をどう見ているか

小林　（質問者に）「辺野古《へのこ》移設」について、具体的に訊《き》いてもらえますか。

里村　ええ。今、「普天間《ふてんま》基地を辺野古に移設するかどうか」を争点の一つとして、先月（二〇一四年一月）、沖縄《おきなわ》では、名護《なご》市長選も、争点の一つとして行われました。これについてはどのようにお考えですか。

国谷裕子守護霊　まあ、地元の方々の、「エメラルドグリーンの海と、白い砂浜《すなはま》と珊瑚《さんご》を守れ」という主張を丸呑《まるの》みにしたいところまでは、私も、さすがにはいきません。

それは、ちょっと極論に過ぎるかなあと。「砂浜や海岸を守ることのほうが、国を守ることより大事だ」というふうな、そこまでの極論を、私は持っていません。

ただ、ちょっと、あなたがたに批判されているんでしょうけども、普天間の基地ですね。周りに民家がいっぱいあるところ、まあ、学校や幼稚園《ようちえん》等の上を、巨大《きょだい》なアメリカの輸送機とか爆撃機《ばくげきき》とか、いろんなものが飛び交《か》ったりしてる状態は、確かにどうにかしたい感じはあります。また、沖縄の民意としては、はっきり、「ノー」と出ているものを、政府のほうが、強行し

2013年12月末、沖縄・仲《なか》井《い》眞《ま》弘多《ひろかず》知事は、普天間飛行場の移設先として辺野古埋め立てを承認。しかし、翌1月の名護市長選では移設反対派の稲嶺進氏が再選、対立を深めている。(写真：辺野古岬付近)

てやらせるというなら、これも、「地方自治みたいなのを認めるか認めないか」という問題になるわけです。

まあ、地方自治の考え自体は、左翼《さよく》的にも取れるけども、民主主義的にも取れる考え方であるのでね。

「国谷氏の原点」から見える米軍基地問題とは

里村　ただ、「何が利益か」と考えますと、「沖縄県、日本全体、あるいは、東アジア全体の平和と安全に関する重要なファクター（要素）が、一部の沖縄県民の意思でもって左右される。あるいは、それによって時間が遅滞《ちたい》する」ということは、ある意味で、たいへん危険な状態であるようにも思います。

これは、地方自治の陥穽《かんせい》（落とし穴）だと思うのですけれども、そういう観点についてはいかがですか。

国谷裕子守護霊　まあ、先ほど、名誉《めいよ》なご紹介《しょうかい》にあずかりましたけども、私の大学の卒業論文は、廣田弘毅《ひろたこうき》なんです。

彼は、外交官として、「何とか日米開戦を避《さ》けたい」と思いながらも、総理大臣になって、無念にも、それを止めることができなかった〝悲劇の宰相《さいしょう》〟ですね。

それを避けようとしていたにもかかわらず、結局、終戦後、文民ではただ一人、彼だけがA級戦犯《せんぱん》として絞首刑《こうしゅけい》になった。A級戦犯は、彼だけですよね。あとは、みんな軍人ですよね。

里村　はい。

東條英機
（1884 ～ 1948）

廣田弘毅
（1878 ～ 1948）

2013 年 7 月 10 日、第二次大戦時の歴代総理として戦争責任を問われた廣田弘毅（写真中央。本書 27 ページ参照）や東條英機（写真左）、近衛文麿の霊が、当時の知られざる真相と本心について激白する霊言を収録（『「首相公邸の幽霊」の正体』〔幸福の科学出版〕）。

国谷裕子守護霊　東條《とうじょう》（英機《ひでき》）とかは、陸軍大将等もやっていましたから、死刑になってもしかたないけど、彼（廣田）は完全な文民であり、外交官で、どちらかといえば、そんなに主戦論者ではなかったと思うんですけど、その人が絞首刑になった。

私は、このあたりのところに原点を持っています。だから、そういう、外交の失敗や世論《よろん》の持っていき方次第《しだい》で、戦争が起きたりすることがありえるから、それを事前に……。まあ、かつてあったことを、まったく同じように繰《く》り返したら愚《ぐ》の骨《こっ》頂《ちょう》なので、「何とか、それを防げないか」ということを、今……。

綾織　要するに、「沖縄県民の意思によって決めればよい。それが、米軍を追い出して日本が中国のなかに入っていく判断でもよい」ということでしょうか。

国谷裕子守護霊　いや、アメリカ基地が、あそこまで来ていたら、まあ、中国の側から見れば、「アメリカが中国を攻撃できる場所に、アメリカの基地がある」っていうことだし、海兵隊っていうのは上陸部隊だから、もちろん、朝鮮《ちょうせん》半島にも上陸できますけども、いざというときには、中国に上陸してくるっていうことですよね。

それを撤退《てったい》させようとしているわけだけれども、アメリカ軍が、少し下がることによって、もしかしたら、中国のほうの軍国主義化が、逆に、スローダウンする可能性もあるんじゃないかという……。

里村　歴史的には、そういうことはありませんでしたよね。大学で国際関係学を学ばれた国谷さんであれば、「一方が引いたときには、必ず、一方が出てくる」ということは、当然、よくご存じだと思うのですが、なぜそこまで中国の立場に立たれるのですか。

国谷裕子守護霊　うーん。いや、私は、「戦争がない社会がいい」と思っているので……。

「リベラルに近い」と政治的スタンスを語る

里村　先ほど、「平和な未来」とおっしゃっていましたね。ただ、一見、「平和な未来」と見えても、「信教の自由」とか、「言論の自由」とかいうものが、ある程度、いや、もう、かなり抑圧《よくあつ》されていますが、「それでもしかたがない」とお考えですか。

国谷裕子守護霊　うーん。まあ、そのへんは、難しいんですけどね。

里村　はい。

国谷裕子守護霊　戦争中は、共産党も戦争に反対したし、キリスト教徒の多くも戦争には反対しましたよね。

だから、キリスト教徒と共産党が同じ動きをしたりもしているし、日蓮《にちれん》主義のほうは、ちょっと国粋《こくすい》主義的な台頭《たいとう》はあったと思うんですが、まあ、そのように、宗教も絡《から》んでくることがあるんですけども……。

また、キリスト教のほうの考え方を日本に入れると、右翼《うよく》に持っていく方もいらっしゃるんですけどね。

例えば、渡部昇一《わたなべしょういち》さんや曽野綾子《そのあやこ》さんみたいに、一部、右翼型に持ってく方もいらっしゃるんですが、パーセンテージ的には、やはり、左翼的な、まあ、リベラル……。

里村　ええ。

国谷裕子守護霊　今、一般《いっぱん》的には、リベラル系に持っていく人が多いかなあと思います。つまり、政府に対して批判的な考え方ですかねえ。

綾織　それは、ご自身のことをおっしゃっているのですか。

国谷裕子守護霊　うーん。まあ、どっちかといえば、リベラルのほうに近いのかなあとは思うんですが……。

里村　今日、お話をお伺《うかが》いしながら、番組を観《み》ていて感じたことと一致《いっち》した部分としては、つまり、あなたは、「大きな政府」のほうがお好きですよね？

国谷裕子守護霊　「大きな政府」が好きか？　まあ、私は、貧困《ひんこん》層や虐《しいた》げられている者たちを助けるのは好きなのでね。

それは、キリスト教精神にも合っているし、マザー・テレサがやっているようなことでもあるし、オバマさんが、黒人の貧困層のレベルを上げて、教育をつけたいと思っているようなこととも一緒《いっしょ》だし、鳩山《はとやま》さんが、高校まで授業料を無償《むしょう》化しようとしたり、あるいは、貧富の差を減らそうとしたのと、似ているところはあると思うんです。

「若年《じゃくねん》女性の貧困《ひんこん》問題」に力を入れる理由

綾織　番組では、「女性の貧困《ひんこん》問題」を取り上げられたり、先ほど、「ブラック企《き》業《ぎょう》」という言葉も出ましたが、これについても、かなり熱心に取り上げられたりしているわけですけれども、少し気になるのは、この番組のつくり方です。

『マザー・テレサの宗教観を伝える』
（幸福の科学出版）

今、お伺いしているお話から、そのプロセスとして、「キャスターの意見が、かなり反映されている」と考えてよろしいのですか。

国谷裕子守護霊　いや、別に、反映はしていませんが、いちおう、自分でも原稿《げんこう》を書くこともあるし、人が書いてくれたものに手を入れることもあるけど、「自分が読みたいかどうか」っていうのも、やっぱり、ありますからねえ。

里村　いやあ、ただ、特に、先週放送の、「若年《じゃくねん》女性の貧困の問題」については、ご自分の考えがかなり出ていて、最後は、「行政が救うべきだ」ということを……。

国谷裕子守護霊　それは気になります。

里村　しかし、「若年女性の貧困」などは、昔からあった問題です。いつの時代にもあります。

国谷裕子守護霊　まあ、それはね……。昭和恐慌《きょうこう》のときには、まあ、東北の女性たちも。

里村　ええ。昔のほうが、もっとひどかったです。

国谷裕子守護霊　まあ、確かに。

里村　あるいは、「シングルマザーの生活が大変で、やっていけない」という問題も、かえって、昔のほうがひどかったですよ。

国谷裕子守護霊　うーん。

里村　むしろ、「クローズアップ現代」のなかで報道されている、「家族を崩壊《ほうかい》させていくような流れ」のなかで、若年女性の貧困問題というものが目立つようになったと、私は思います。

実は、報道されている内容と、その結果、出てくる現象に矛盾《むじゅん》が生じているのではないですか。

国谷裕子守護霊　まあ、私の家系は、経済的には恵《めぐ》まれていましたし、国際経験も豊かな家庭でありました。つまり、そういう意味でのキャリアがあるから活躍《かつやく》できているので、もしかすると、ほかのキャリアが得られない女性たちが、非正規で扱《あつか》われたり、就職できないでいたり、経済的に厳しい環境《かんきょう》で苦労していたりするところに同情《どうじょう》しているのかもしれないとは思います。

社会的弱者を苦しめる「消費税増税」に反対しないわけは?

里村　ただ、弱者の救済の問題で言えば、「四月から消費税が上がる」ということは、まさに、経済弱者にとって、いちばん響《ひび》く問題です。

国谷裕子守護霊　うーん。

里村　それなのに、なぜ、消費税増税に、きちんと反対の姿勢を示さないのか。このあたりはいかがですか。

国谷裕子守護霊　うーん。うーん。まあ、確かに、フリーターや非正規の方々など、低収入層にとっては、かなり打撃があるだろうとは思うんですけどもね。

ただ、もう一つの論点としては、やっぱり、「国の財政赤字の問題を、どう考えるか」っていうことがあります。これは、ちょっと、私の任を超《こ》えた大きな問題ではあるんですが。まあ、アメリカも非常に苦しんだことだし、ヨーロッパも、この財政赤字で、みんな国が沈《しず》んでいっていますし、南米あたりまでそうですので、「日本が、同じように沈んでいったらどうなるか」っていうことを考えると、やっぱり、「何らかの増税による収入構造の補正」は要《い》るのかなあと思う面はある……。

里村　なるほど。それは、財政再建派の方がおっしゃるのと同じ意見なのですが、国谷さんの、そのリベラル的な考え方というのは、先ほどおっしゃったように、非常に恵まれた家庭に生まれたことの反動によるものなのか、それとも、アメリカのアイビー・リーグのなかでも、最も進歩的でリベラルといわれる、ブラウン大学で学ばれたことによるものなのか。

あるいは、転生《てんしょう》の過程でそうなったのか、もともと、そういう魂《たましい》でいらっしゃったのか。

先ほどは、「キリスト教精神」とおっしゃいましたが……。

国谷裕子守護霊　（大きく息を吐《は》く）なんか、ここは厳しいなあ。

里村　いえ。

国谷裕子守護霊　いやあ、私は、インタビューされる立場の人間じゃないし、インタビューされないことによって、長く続けることができるんですよ。

里村　もう、ここまで来ていますし、時間もあまりありませんから……。

国谷裕子守護霊　だからねえ、プロレスで言えば、「自分の技《わざ》を明かす」とか、野球のバッターであれば、「自分が得意なところと不得意なところを明かす」とか、ピッチャーであれば、「自分が苦手なところは、どこだ」とか、そういうことをしゃべったら、その後、プロとしては通じなくなるじゃないですか。だから……。

里村　いやいや、とんでもないです。

9 「もう一度、敗戦の憂《う》き目に遭《あ》わせたくない」

日本を「一定の方向」に持っていく国谷氏の裏にある心理とは

綾織　今日のお話をお伺《うかが》いして、番組を二十年以上、続けてこられたモチベーションの部分は何となく分かりました。やはり、ある程度、日本を一定の方向に、まあ、よい意味で言うと、「導いていきたい」という思いがあられるのかなとは感じます。

国谷裕子守護霊　「もう一度、日本を敗戦の憂《う》き目に遭《あ》わせたくない」っていう気持ちは、一つにはあります。

それから、やはり、メディアの使命としては、反政府的なところは一般《いっぱん》にアメリカの政治学でも認められていることです。だから、貧困《ひんこん》層の増大とか、そういうものに対しては敏感《びんかん》でなければいけないと思うし、高齢《こうれい》化福祉《ふくし》社会の問題等は、これから、メディアとしては見逃《みのが》してはならない、政府への警鐘《けいしょう》を鳴らし続けなければいけない問題だとは思っているんです。

里村　いやいや、ちょっと待ってください。今、たいへん〝教科書的なお答え〟を頂きましたが、国谷さんは日本がお好きですか、お嫌《きら》いですか？

国谷裕子守護霊　まあ、「半分、日本人だけど、半分、日本人じゃないかもしれない」というような自己形成をしたので、普通《ふつう》の日本人と、たぶん違《ちが》うかもしれないなと思っています。

里村　では、別な見方から言うと、国谷さんは、非常に、アメリカでのご経験も多いので、「日本人が劣《おと》った存在に見えてしかたない」ということはありませんか？

〝猿《さる》の群れ〟のように……。

国谷裕子守護霊　いやあ、大川隆法さんなんか、すごいなあと思っていますよ。アメリカでも十分、通用しますよ。ここまでガンガン言えるんだったら、アメリカで十分、通用しますよ。

里村　そのことについては、私たちは、もう十分に存じ上げております。大川総裁の話ではなくて、日本人の社会、あるいは、日本人そのものについて、どうお考えなのかを伺いたいのです。

国谷裕子守護霊　日本人ですかあ。まあ、「個が自立していない」ところはありますよね。

里村　はい。

国谷裕子守護霊　だから、その意味での弱さはあるので、「集団的に救われないかぎり救われない」みたいな……。

里村　つまり、蟻《あり》が集まって生活しているような感じにしか見えないということですか。

国谷裕子守護霊　うーん。そうかどうかは分かりませんが、自分の意見をはっきりさせないところはありますよね。

里村　はい。

国谷裕子守護霊　「みんなが行く方向についていく」みたいなところはあるから、その意味では、メディアによる操作っていうのが、非常に効きやすいところであるので、「メディアが、どういうふうにシェアを取れるか」っていうことが、日本の今後の未来を決めると思っています。

そういう意味で、長く、幅広《はばひろ》く、多くの世代を啓蒙《けいもう》することができれば、日本を一定の方向に持っていくことはできるのかなと……。

里村　そうすると、この二十一年間の仕事で、ある程度、「反日本的」というか、「反国家的」というか、そういう方向に持ってくることができたと……。

国谷裕子守護霊　反日本的っていう、その「反」という意味がよく分からないんですが……。

里村　まあ、「アンチ日本」ということです。そういう方向に……。

国谷裕子守護霊　いや、「アンチ」じゃなくて、あれじゃないですか。「広い」っていう意味での、「汎《はん》」日本なんじゃないですかねえ。

エリートだけの日本じゃなくて、裾《すそ》野《の》まで視野に入れた日本っていう意味です。

国谷氏の目には「日本は半主権国家」に見える？

綾織　ただ、先ほどおっしゃった、「戦争を二度としたくない」という部分を、そのまま追求していくと、「中国に乗っ取られて、それで終わってしまう」という話になってしまうのですけれども、「そういう未来がよい」ということですか。

国谷裕子守護霊　だから、日本国憲法によれば、「平和を愛する諸国民の公正と信義に信頼《しんらい》して」っていうことでしょう？

里村　はい。憲法前文ですね。

国谷裕子守護霊　そういうことですから、安倍《あべ》さんの積極的平和主義外交は、どうしても出てこないですよねえ。

綾織　それには反対している立場ですね？

里村　結論的に言いますと、結局、日本は、中国なら中国、アメリカならアメリカに従属すべきだと？

国谷裕子守護霊　うーん。まだ、本当の意味で、日本は独立していないんじゃないでしょうかね。

里村　独立していない？

国谷裕子守護霊　ええ。政治学的には「半主権国家」だと思います。

里村　では、独立すべきだと思われますか。

国谷裕子守護霊　だから、「独立するだけの知性が、日本にあるかどうか」ですよね。マッカーサーは、「戦後日本人の精神年齢は十二歳《さい》だ」と言いましたが、「今、二十歳に達しているかどうか」っていうところでしょうかね。

里村　先ほどから、チラチラと出ていますが、やはり、日本人の知性などに対して、非常に、ある一定の留保《りゅうほ》を置いてる、あるいは、非常に懐疑《かいぎ》されていますね。

国谷裕子守護霊　うーん。だけど、「自分の意見」、「個人の意見」を持っていないっていうことは、やっぱり恥《は》ずかしいことですよね。

10 前世《ぜんせ》は「非戦」を詠《うた》った有名な歌人

明治時代の日本に生まれていた直前世《ちょくぜんせ》

綾織　では、あなたご自身は、過去の経験として、どこの国で人生を送られていますか。

国谷裕子守護霊　まあ、私自身は日本人ですけどね。今、話している私自身は、日本人です。

綾織　守護霊様は、日本人なのですね。

国谷裕子守護霊　うん。私自身は日本人です。

綾織　ああ、そうですか。ほお。

里村　いつの時代におられた方ですか。

国谷裕子守護霊　うーん……。明治。

里村　おお、そうでございますか。

国谷裕子守護霊　うーん。

里村　鹿鳴館《ろくめいかん》あたりで、いろいろと活躍《かつやく》されていたのですか。

国谷裕子守護霊　私は、そんな、ケバケバしいタイプの人間じゃないもので……。

里村　ほお。なるほど。

綾織　当時は、女性として生まれられていますか。

国谷裕子守護霊　女性に聞こえませんか。

綾織　いちおう、聞こえます（苦笑）。

国谷裕子守護霊　そうですよねえ。

里村　ええ。

国谷裕子守護霊　櫻井《さくらい》さんに続いて、スクープになるのかもしれないですけど、私は、「君死《きみ》にたまふことなかれ」という歌を詠《うた》った人間です。

里村・綾織　ええ!?

里村　そうですか!

国谷裕子守護霊　うん。だから、確かに、戦争には反対しました。

里村　はい。

国谷裕子守護霊　うん。確かにしました。

里村　あなたの弟が日露《にちろ》戦争に行っていたので……。

国谷裕子守護霊　うん。

綾織　ただ、政治的に、完全に「反戦」かというと、必ずしもそうではなかったと思うのですけれどもね。

里村　そうですよね。

国谷裕子守護霊　そうではなかったけど、まあ、結果的に（日露戦争に）勝ったから、まだよかったようなものの、実際、世論《せろん》的には、負けると思っていたところが多かったですからね。

綾織　そうですね。

国谷裕子守護霊　あのころは、マスコミが戦争を追い立てていましたからね。

里村　はい。

国谷裕子守護霊　内村鑑三《うちむらかんぞう》さんとか、一部の方は、「非戦論」を説いていましたけども、今のマスコミと違《ちが》って、あのころのマスコミは、「行け行け！　ゴーゴー！」でしたからねえ。

『公開霊言　内村鑑三に現代の非戦論を問う』

（幸福の科学出版）

里村　そうですね。

国谷裕子守護霊　だから、櫻井さんと正反対の立場かもしれませんが、（当時の戦死した軍人を）「軍神《ぐんしん》だ」と言って追い立てて、何て言うか、もう持ち上げて、持ち上げて、戦いを鼓舞《こぶ》するようなマスコミが多かった時代で、朝日新聞でさえそうだった時代でしたからねえ。

そういうときに、ちょっと反戦を言ってた。だから、まあ、反国家主義なのかもしれないですけども、気持ち的には、「自分の知ってる人たちや友人、家族など、そういう人たちが死んでいくのを見たくない」っていう気持ちではあったんですけどねえ。

留学をしなくても女性が一流になれる国家に変えたい

綾織　あなたは与謝野晶子《よさのあきこ》さんだと思うのですが……。

与謝野晶子（1878 ～ 1942）
歌人。（本名・志よう）文芸雑誌「明星」に作品を投稿し、主宰者の与謝野鉄幹と結婚。歌集『みだれ髪』を発表し、一世を風靡した。また、平安時代を中心とする古典文学を研究し、『源氏物語』の現代語訳なども手がけた。

日露戦争に従軍中の弟・籌三郎の身を案じて詠んだ長詩「君死にたまふこと勿れ」を、「明星」（1904 年 9 月号）で発表。

第一歌集『みだれ髪』（1901 年）
奔放に恋愛を詠いあげた情熱的な作風で、浪漫派歌人としての地位を確立した。

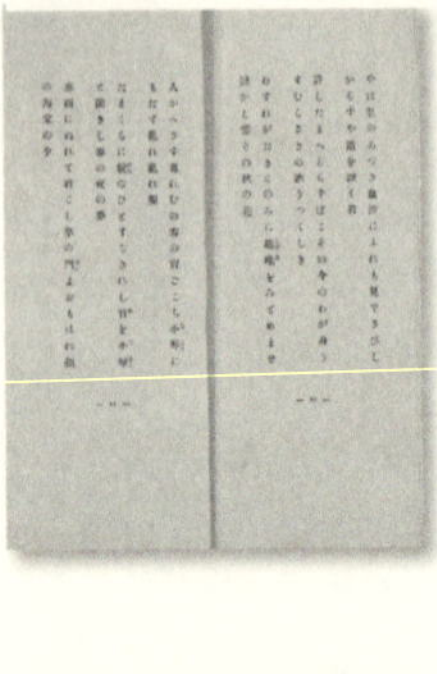

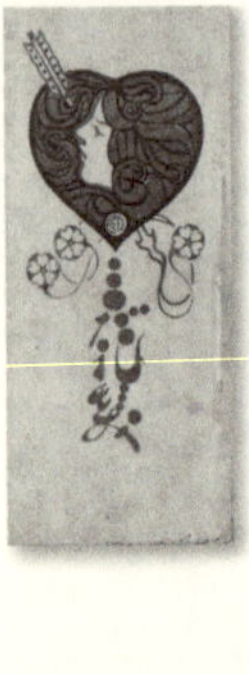

国谷裕子守護霊　うーん。まあ、子孫がいますので、ちょっと、ややこしいことが……。

里村　ええ。

綾織　こちらからも、若干《じゃっかん》、批判的なことを、いろいろと申し上げましたが、ただ、明治時代においても、現代においても、女性としては、本当に一流の活躍をしていらっしゃるので、生き方について、現代の女性に、少しでも何かアドバイスできるようなことがございましたら、お願いしたいのですが。

国谷裕子守護霊　うーん、まあ、これは、安倍《あべ》政権の正しいところだと思うんですが、「女性の管理職（比率）を三割に上げたい」とか言ってはいます。ただ、（日本は）世界の先進国のビリに近いあたりですので、やっぱり、能力的には、必ずしもそうだとは思ってないわけです。
それは、教育を受けてないから、そういうところもあるのかもしれないけど、アメリカなんかは、女性でも、教育をちゃんと受ければ、博士になる人とかいっぱいいます。だけど、日本なんかは、かなり少ないですよねえ。
最近、でも、iPS細胞《さいぼう》を超《こ》える細胞の開発を、三十歳《さい》の〝リケジョ〟（理系女子）がねえ。

里村　そうですね。〝リケジョ〟の●小保方晴子《おぼかたはるこ》さん。

国谷裕子守護霊　あれは、すっごい勇気が出るような話でしたよね。

里村　はい。

●小保方晴子〈1983～〉細胞生物学者。早稲田大学理工学部、同大学院博士課程修了。2013年、同氏が研究を主導した理化学研究所発生・再生科学総合研究センターでは、体のさまざまな細胞になる新たな万能《ばんのう》細胞「ＳＴＡＰ《スタップ》細胞」の開発に成功した。

国谷裕子守護霊　救いになりますよねえ。だから、やればできる。ただ、あの人も、留学なされた経験がある方ですので、「留学しなければ、女性が一流になれない」っていうのは、情けない国だと思います。まあ、これは、私にも返ってくる言葉かもしれませんけど。

日本の教育だけで女性が一流になって、プロフェッショナルとして活躍できる、そういう国家に変えたいなあと思う。その一助《いちじょ》になりたいという気持ちの一念で、やり続けてはいるんですけどね。

もう一つの日本の転生《てんしょう》は「元祖エッセイ」を書いた女性

里村　今、守護霊様ご自身のお名前は、与謝野晶子様だとお教えいただきました。

国谷裕子守護霊　ええ。

里村　霊界《れいかい》では、どのような方々と交流されていらっしゃいますでしょうか。

国谷裕子守護霊　うーん。まあ、過去世《かこぜ》には、まだ日本人もいるんですよ。

里村　はい。

国谷裕子守護霊　エッセイとかを書いた……。

里村　『枕草子《まくらのそうし》』の？

国谷裕子守護霊　そう。

里村　え？　清少納言《せいしょうなごん》ですか。

10　前世は「非戦」を詠った有名な歌人

清少納言（966頃～1025頃）
平安時代の女流作家、歌人。本名不明。有名歌人である清原深養父の孫、清原元輔の娘。一条天皇の皇后・中宮（藤原）定子に仕えた。
（下絵：上村松園筆「清少納言褰簾ノ図」）

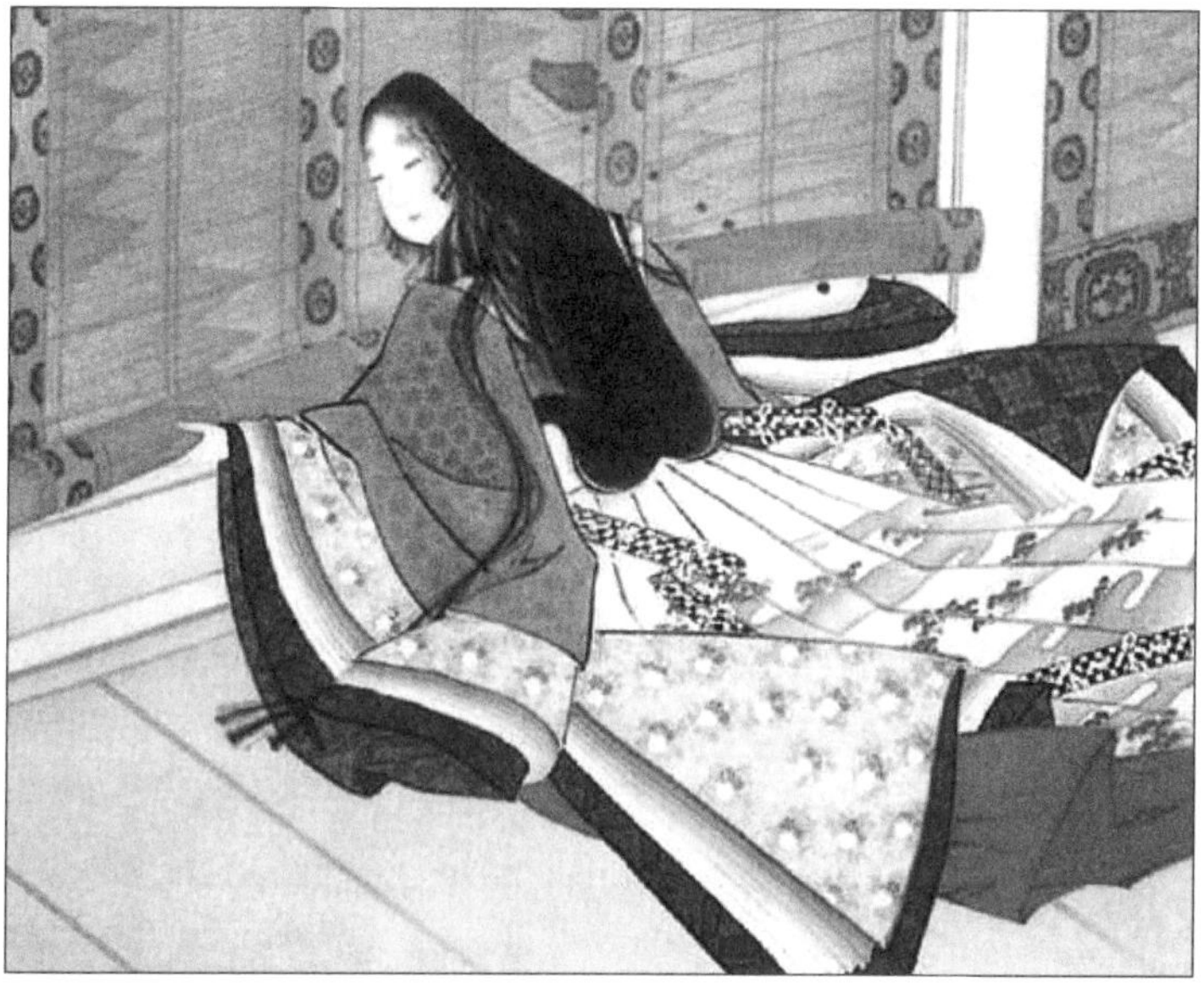

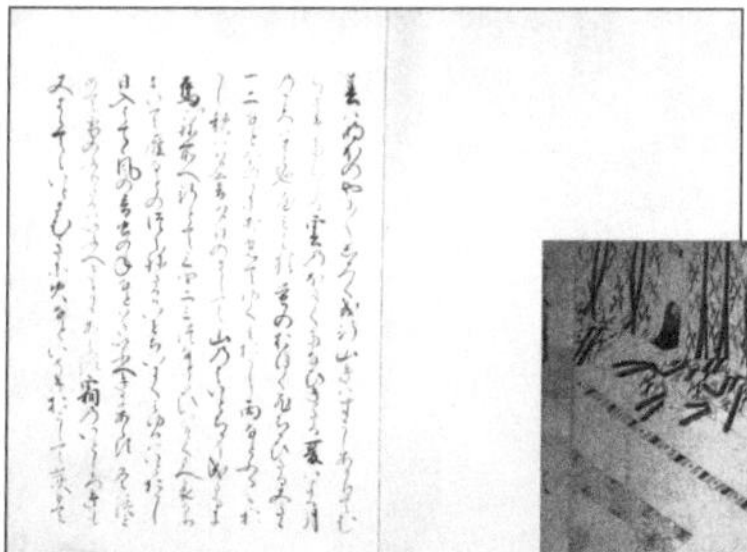

『枕草子』
清少納言による随筆。日本三大随筆の一つと数えられる。第一段「春は曙」で始まる書き出しが有名。

宮中での生活雑感を鋭い筆致で描いた『枕草子』は、日本における随筆の起源とも称される（右絵：『枕草子絵詞』）。

国谷裕子守護霊　うん、うん。

里村　おお。「元祖エッセイ」ですね。

国谷裕子守護霊　うん、うん。だから、ちゃんと、「元祖ジャーナリスト」ですねえ。

里村　ええ、そうですね。

国谷裕子守護霊　いろいろ書きました。その日、その日の、いろんな出来事についてコメントを書く女性って珍《めずら》しいですから、まあ、今の仕事に合ってる。

里村　なるほど、確かにそうですね。

国谷裕子守護霊　よく似てるんですよ。私の仕事なんていうのは、エッセイみたいなものなので。

綾織　ええ。

国谷裕子守護霊　いろんな出来事を、筆の赴《おもむ》くままに書いていくっていう仕事をしてました。

綾織　はい。

中国や朝鮮《ちょうせん》にも生まれたが「名前は言えない」

国谷裕子守護霊　もちろん、あの中国にも生まれたことはあります。

里村　ええ。ちなみに、いつの時代でしょうか。

国谷裕子守護霊　うん、ああ……。「中国に生まれた」って言うと、売国奴《ばいこくど》みたいに言われるかも……。

里村　いえいえいえ、そんなことはないですよ。たくさん生まれていますから。当会にいる人たちのほとんどは、過去世では中国に生まれています。

国谷裕子守護霊　本当ですか。

里村　はい、一度はそうです。

国谷裕子守護霊　みんな、どうして中国寄りにならないの？

里村　いやいや、いろいろな経験をしていますので。あちこちと、いろいろな国に転生《てんしょう》していますから。

国谷裕子守護霊　うーん、まあ、中国はちょっとまずかったかな。ちょっとまずい……。ちょっとまずかったかな。

日本人は、歴史をよくご存じないから、あんまり名前を出しても駄目《だめ》なんですけども、まあ、中国にも、朝鮮《ちょうせん》にも、生まれたことはあります。

里村　はい。

国谷裕子守護霊　それから、アメリカではないんですが……。

小林　（会場から質問者に）もっと突《つ》っ込《こ》んで、突っ込んで！

里村　ええ、ちょっと待ってください。今、会場からも、「中国の転生について突っ込んでください」とありましたので、ぜひ。

小林　あと、朝鮮についても突っ込んでください。そこは重要ですから。

里村　朝鮮も中国も、まずいことはあったのでしょうか。中国は、清《しん》の辺りですか。

国谷裕子守護霊　いや、もっともっと昔……。

里村　もっと昔ですか。

国谷裕子守護霊　うん、ずっとずっと、ずっと昔ですね。

里村　ええ。もう、本当に時間がないので、パッと端的《たんてき》にいきたいですね（会場笑）。はい、〝どちらの中国〟でしょうか。

国谷裕子守護霊　まあ、だから、なんか、偉《えら》い人の寵愛《ちょうあい》を受けるような立場にいた。

綾織　おお。時代としては、どのあたりでしょうか。

国谷裕子守護霊　うーん、厳しいなあ。

里村　楊貴妃《ようきひ》ではないですか。

国谷裕子守護霊　いやそれ（笑）……。

綾織　（笑）

国谷裕子守護霊　顔をよく見てから言ってくださいよ（笑）。それは無理ですよ。

里村　いやいや、おきれいでいらっしゃいますよ。

国谷裕子守護霊　それだったら、私は、もう、ハリウッドに行ってますわ。

里村　はい。では、則天武后《そくてんぶこう》という……。

国谷裕子守護霊　いや、それは悪い人じゃないですか（笑）（会場笑）。

里村　いやいや、悪い人ですか。

国谷裕子守護霊　それは勘弁《かんべん》……（笑）、勘弁してください。

里村　いえ、仏教を非常に強く信仰《しんこう》された方ですので。

国谷裕子守護霊　いや、それは勘弁してください。

里村　唐《とう》よりもっと前ですか。

国谷裕子守護霊　ええ、まあ、もうちょっと乱世の時代だったと思いますけどねえ。

里村　三国志《さんごくし》？

国谷裕子守護霊　私は、戦いの時代の、身分のある人の〝あれ〟ではあるんですけども。まあ、戦いの時代ではあって、非常に、命からがら逃《に》げたというか、人質《ひとじち》になったこともあって、そういう経験があるから、戦争はあまり……。

里村　「人質になった」と言いましても、そういう方は、本当に何人もいらっしゃいます。

では、劉備玄徳《りゅうびげんとく》様の奥様《おくさま》の……。

国谷裕子守護霊　まあ、そういう人もいますねえ。

里村　ええ。

国谷裕子守護霊　そういう人もいましたね、確かね。

里村　ええ。最後は亡《な》くなられましたが。

国谷裕子守護霊　まあ、そういう人もいたかもしれませんねえ。

里村　ええ。

国谷裕子守護霊　ああ、冷や汗《あせ》が出てくるなあ。

里村　いえいえ。ちょっと待ってください。すみません。もう、本当に時間も迫《せま》っていますので（会場笑）、〝本番〟のほうに……。

国谷裕子守護霊　もう、二十六分を過ぎたら駄目なのよ。

里村　はい。

国谷裕子守護霊　ええ、まあ、その（笑）……。

里村　どうぞ、おっしゃってください。

国谷裕子守護霊　勘弁してくださいよ。

里村　いやいや。

国谷裕子守護霊　もう、つらい、つらいわあ、なんか。

里村　いえいえ、どうぞおっしゃってください。

国谷裕子守護霊　暑い、暑い。ケーキを出さなきゃ駄目！

里村　いえいえ。帰りはちゃんと……。

国谷裕子守護霊　もう駄目。コーヒーブレイクを入れなきゃ、絶対に言えない、言えない。
朝鮮《ちょうせん》に生まれたときは「料理が好きだった」

里村　もう、これで終わりですので、最後にそちらだけお願いします。

国谷裕子守護霊　そんなことないよ。だって、朝鮮《ちょうせん》のときだって、宮廷《きゅうてい》にちゃんと出てるのに（会場笑）、聞きたくないの？　聞きたくないの？

里村　いえ、もう、この際、朝鮮のお話は結構です。

小林　（会場から）いやいや、朝鮮の話は、絶対に訊《き》かないと駄目ですよ（会場笑）。

里村　はい。会場から、「朝鮮のお話も」ということでしたので……（会場笑）。

国谷裕子守護霊　ちゃんと宮廷に出てますよ。

里村　え？　朝鮮でもですか。

国谷裕子守護霊　韓流《ハンりゅう》ドラマを観《み》てる人だったら、知ってる人は出てるかもしれないよ。

里村　「チャングム」ですか。

国谷裕子守護霊　でも、まあ、あれ、いやいや。

里村　「チャングム」では……（笑）。

●宮廷女官チャングムの誓い　李氏朝鮮時代の宮廷を描いた韓国のテレビドラマ（原題・大長今）。第11代国王・中宗の主治医となったとされる実在の医女を素材に、オリジナルストーリー化。日本では2005年にNHKで放映された。

国谷裕子守護霊　いや、もういい。これはいい。もうやめましょ。

里村　はい。

国谷裕子守護霊　これは、もう駄目、駄目、駄目、駄目、駄目、駄目。

里村　ほうほう。

国谷裕子守護霊　もう、これは、みんな、NG、NG、NGです。

小林　いつの時代の朝鮮半島なのか、時代確認だけしてもらえますか。

里村　はい。時代は？

国谷裕子守護霊　いいえ、分かりません。分かりません。

里村　三国時代？　李氏《りし》朝鮮？

国谷裕子守護霊　分かりません。全然分かりません。

里村　はい。

国谷裕子守護霊　もうまったく分からない。もう、私は、全然分からなくなった。もう全然分からない。

里村　「いつも視聴者《しちょうしゃ》目線で立たれる」とおっしゃっていましたので（会場笑）。視聴者から、そのような希望がございます。

国谷裕子守護霊　私は、さっき、（大川隆法から）「プレデター」と、名誉《めいよ》な言葉をおっしゃっていただきましたけども、もう、「透明《とうめい》人間になりたいなあ」といつも……。

里村　いえ、このままだと、本当に〝プレデター〟になってしまいますから（会場笑）、はっきりとおっしゃってください。

国谷裕子守護霊　H・G・ウェルズの『透明人間』のモデルになったかもしれない。

里村　いえいえ。

小林　〝司法取引〟と、先ほどおっしゃっていましたが、要するに、朝鮮での過去《かこ》世《ぜ》を訊かれると都合《つごう》が悪いのですね？

里村　都合が悪いのですか。

小林　それなら、ほかの箇所《かしょ》と取り替《か》えて、朝鮮半島のを教えてもらってもいいですから。

国谷裕子守護霊　いや、もし、日本人に嫌《きら》われたらいけないでしょう？

小林　〝取引〟に応じてもいいですから、そこを少し教えていただけますか。

国谷裕子守護霊　〝取引〟って言ったってさあ……。

小林　どちらの時代でした？

国谷裕子守護霊　（里村に）あなたの秘密を教えて？

里村　いやいや、私の秘密を言っても、誰《だれ》も面白《おもしろ》くないですから（笑）。

国谷裕子守護霊　だから、信じないでしょう？

里村　いやいや、あのー……。

国谷裕子守護霊　私のだって信じてない……。

里村　時代がかぶってしまうかもしれませんが、まさか、閔妃《みんぴ》ということはございませんよね？

国谷裕子守護霊　まあ、ちょっと、「料理は好きだった」ということは言っておくね。

里村　え？　料理が好き？

国谷裕子守護霊　料理は好きだったと……。

里村　やはり、「チャングム」になりませんか。

国谷裕子守護霊　いやいやいやいやいやいやいや。それ以上は、もう、私は分かりません。私は分かりません。

中国での転生《てんしょう》は「三国志《さんごくし》時代に武将に置き去りにされた女性」

国谷裕子守護霊　それから、中国は、「三国志《さんごくし》の時代」です。はい、そのとおりです。

里村　そうですか。

国谷裕子守護霊　おっしゃるとおりです。

里村　はい。

国谷裕子守護霊　劉備玄徳に捨てられた者《もん》の一人です。いや、捨てられたことはないわ。捨てられたわけではないけれども、「置き去り」にされたことがあるかもしれない一人です。

里村　はい。では、阿斗《あと》を産んだ、お母様（甘夫人《かんふじん》）ということで（注。甘夫人は劉備玄徳の妻で劉禅《りゅうぜん》〔阿斗〕の母。正妻の糜《び》夫人は戦《いくさ》の際に足手まといにならぬように井戸に身を投げて自害した）。

国谷裕子守護霊　これ、なんか、ちょっ

甘夫人（？～209）
中国三国時代、蜀漢の初代皇帝・劉備（右絵）の妻。身分が低かったため、側室に置かれるも、最も長く劉備に寄り添った妻とされる。

と問題あるんじゃないですか。ここは、少しタブーがあるように思われるのですが。

里村　いえいえ。ただ、非常に、いろいろなご経験を積んでいる魂《たましい》でいらっしゃることが分かりました。

国谷裕子守護霊　ああ、つらい。つらいわ、ここ。

11 安倍《あべ》政権の流れをどう捉《とら》えるか

「集団的自衛権」に対して抱《いだ》いている危惧《きぐ》の念《ねん》

小林　（質問者に）申し訳ないのですが、この収録を本にするために、安倍《あべ》政権が進めている、「集団的自衛権」に対するコメントも取ってもらえますか。

里村　はい。会場から質問がございましたので、もう一言《ひとこと》、頂けますか。

国谷裕子守護霊　ええ。

里村　こちらも、また、今後の「クローズアップ現代」とも、非常に関係がありますので。

国谷裕子守護霊　そうだ、「クローズアップ現代」でねえ、「徳川《とくがわ》政権はなぜ逃《に》げ出したか」というのをやろうかと思ってる（会場笑）。

里村　いやいや、それは関係ないです。

国谷裕子守護霊　え？

里村　それは、ＮＨＫの「歴史秘話ヒストリア」のほうの番組テーマですね。

小林　あなたご自身の、「集団的自衛権」に対する意見を教えていただけますか。

国谷裕子守護霊　それは、籾井《もみい》会長のおっしゃるとおり、政治家たちが決めること
だから、私が言うことではないとは思いますけども。

うーん、まあ、アメリカも、いいところばっかりではありませんので、今は、
「片務《へんむ》的条約」で、アメリカが日本を守ってくれるっていうスタンスを取ってます
けども、集団的自衛権になった場合には、片務性がなくなり、双務《そうむ》性になりますので、
アメリカをも守らなきゃいけない。アメリカが（日本を）守ってるんだから、極東《きょくとう》
での有事の場合には、日本がアメリカに対して守らなきゃいけない面は、そうとう
出てくると思います。

また、今、日本には、アメリカ軍の基地がいっぱいあると言ってるけども、駐在《ちゅうざい》
してるアメリカ人自体は少ないので、自衛隊のほうが、はるかに数は多うございます。
だから、有事のときに、まず一番に矢面《やおもて》に立たされるのは、自衛隊になると思い
ます。そうしたときに、「自衛隊のほうが率先《そっせん》して死んでいくのがいいのかどうか」
というような問題になってくると、やっぱり、ＮＨＫの立場として、報道するのは

耐《た》えられないなあっていう感じは……。

小林　要するに、賛成ですか。反対ですか。

国谷裕子守護霊　うーん。だから、まあ……。

里村　反対ですね？

小林　今、あなたがおっしゃったことは、つまり、「反対」ということですね？

国谷裕子守護霊　だから、アメリカが、あなたがたを守ってくれるとき、「日本も、ちょっと手伝え」と言ってくるんだと思ってるかもしらんけど、そういうふうに善意だけで使わないで、盾代《たてが》わりに使う可能性もある。自衛隊を盾にして、「自衛隊が全滅《ぜんめつ》したら、●米第七艦隊《かんたい》で戦います」みたいなことだって、やらないわけでもないので、いいのか。今の安倍政権のままでいくと、本当に、二〇二〇年までに、日中衝突《しょうとつ》が起きるんじゃないかという感じを受けてます。

小林　要するに「反対」ですね。

国谷裕子守護霊　まあ、できたら、波風を立てないでいただきたいなと思ってます。

教育委員会改革とは別の「第三の道」という主張

小林　すみませんが、あともう一点、「教育委員会改革」を行おうと、安倍政権が

アメリカ第七艦隊の原子力空母ジョージ・ワシントン。

しているのですが、賛成ですか、反対ですか。

国谷裕子守護霊　教育委員会……。

小林　自治体の首長《しゅちょう》が教育長を任命し、日教組《にっきょうそ》の〝操《あやつ》り人形〟にならないようにするというものですが、こちらには賛成ですか、反対ですか。

国谷裕子守護霊　まあ、どちらかというと、日本の現状の教育そのものについて、私は、もうあんまり興味関心がないんです。

これは、アメリカの影響《えいきょう》を受けたためかもしれないんですけど、もうちょっと、個性と能力に合わせた教育ができるようにしたほうがいいような気がする。やっぱり、集団主義的な教育が大きいような気はするので。

まあ、今のご質問の趣旨《しゅし》に答えられるような感じかどうかは分かんないけど、もうちょっと、全体に自由にしたい感じを持ってはいます。

小林　今《こん》国会に上程《じょうてい》しようと、安倍政権がしている教育関連法案の改正に対しては、賛成ですか、反対ですか。それだけ教えていただければ結構です。

国谷裕子守護霊　その細かいテーマについては……。

小林　いえいえ、細かくないんですよ！
要するに、「クローズアップ現代」が、日教組側に立っているか立っていないかの試金石《しきんせき》なので。

国谷裕子守護霊　まあ、「『クローズアップ現代』のスタッフたちが、どういうふうに考え、どういうふうにまとめてくるか」ですが、今の会長のもとで、それができると思えるかどうかっていう読みからいくと、厳しいんじゃないかなあと思っています。

里村　「厳しいほうが、望ましい」という感じでいらっしゃいますね？

国谷裕子守護霊　まあ、分からない……。

里村　しかし、今の日本の教育が変わらなければ……。

国谷裕子守護霊　でも、「第三の道」もあるんじゃないでしょうかねえ。

里村　ほうほう。

国谷裕子守護霊　なんか、別の道が、もう一つあるような……。

小林　要するに、「賛成ではない」ということですね。

里村　そういうことだと思います。

国谷裕子守護霊　安倍さんの、その教育論が理想かどうかは、ちょっともうひとつ分からない……。

「安倍《あべ》首相が絞首刑《こうしゅけい》に遭《あ》う姿を見たくない」

里村　要するに、軍事、あるいは、教育政策を含《ふく》めた安倍《あべ》さんの流れが、「君死《きみ》にたまふことなかれ」のあなた様から見ると、やはり、「非常に危《あや》ういものがある」ということが、今日の結論ですね。

国谷裕子守護霊　それに、廣田弘毅《ひろたこうき》のように、安倍さんが絞首刑《こうしゅけい》に遭《あ》うのを、私は、あんまり見たくないので。

里村　はい。分かりました。

国谷裕子守護霊　今のままで行くと、なんか、長期政権をやって、〝絞首刑〟になりたいんじゃないのかなあ。

里村　はい、分かりました。

綾織　ありがとうございます。

里村　では、いちおう、それが結論ということですね。今日は、長時間にわたりまして、いろいろとお話をお伺《うかが》いしました。本当にありがとうございます。

国谷裕子守護霊　あなたがたの秘密も、もっと知りたいですね。

里村　いえ、別の機会にぜひ、「クローズアップ現代」に出していただければと思います。

国谷裕子守護霊　大川隆法さんにも、ぜひ、「クローズアップ現代」のテーマになるような出方をしていただければ……。

綾織　いえ、今の時点で、十分、テーマになると思いますので、取材をしていただければと思います。

国谷裕子守護霊　ぜひ、籾井《もみい》会長とでも対談をして、激論を交《か》わしていただいたら、面白《おもしろ》いかもしれませんねえ。

里村　ああ、なるほど。面白い企画《きかく》を期待しております。

国谷裕子守護霊　二十六分では無理ですけど。

里村　はい（笑）。そうでございます。〝スペシャル〟番組で。今日は、どうもありがとうございました。

国谷裕子守護霊　はい。

12　国谷裕子氏守護霊の霊言《れいげん》を終えて

大川隆法　（手を一回打つ）まあ、才媛《さいえん》ではあるのでしょう。

里村　ええ。

大川隆法　また、ある種《しゅ》の理想主義者ではあるのでしょうが、やや特殊《とくしゅ》な環境下《かんきょうか》で育っているので、普通《ふつう》の日本人の感性とは違《ちが》うものを持っているのだと思います。やはり、自分のようには恵《めぐ》まれなかった女性に対して、「もう少し、どうにかしてあげたい」という気持ちがあるのではないでしょうか。

ギラギラした権力欲のようなものがあるわけではないと思うのですが、何か、ソフトランディング（軟着陸《なんちゃくりく》）させたいような気持ちを感じます。
安倍《あべ》さんについては、廣田弘毅《ひろたこうき》のようになるイメージを持っているのでしょうし、それは、「日本が中国に取られて潰《つぶ》される」ということですね。

里村　ええ。そのように見立てたわけですね。

大川隆法　そういう見立てでしょう。「そういうことを考えれば、もう少し平和的にしておいたほうがよい」と言っているようにも聞こえなくはありません。

つまり、「主戦論 対 非戦論」で言えば、非戦論の立場にいるのでしょう。もちろん、完全に反対であるわけではないけれども、今のところは、「米中で話し合っていただきたい」という感じなのだと思います。

だいたい、オバマ政権下では、そういう宥和《ゆうわ》主義者的な考えだということですね。

おそらく、これ以上のものではないでしょう。非常に強い政治的信念があるほどではないと思います。

里村　すごい左翼《さよく》だとか右翼だとかいうことではないし、あるいは、「中国側で反日だ」ということでもない感じがします。

大川隆法　そこまではないようですが、ややリベラルであることは間違いないでしょう。

里村　はい。

大川隆法　確かに、マスコミにもいろいろな方がいるようですが、優《すぐ》れた方ではあるのでしょう。

また、この霊言《れいげん》がきっかけで、何らかの影響《えいきょう》を受けるかもしれません。ただ、どうでしょうか。籾井《もみい》会長とうまくやっていけるかどうかは分からないところがあります。

里村　あまり考え方が知られていなかった方ですが、今回、意外なかたちで……。

大川隆法　全然、言わないから分からないわけです。けっこう読んでも、まったく出てきません。マスコミ人として、仲介《ちゅうかい》しかしていないような言い方をしています。本当に出さない人ですね。

里村　ですから、多くの方の参考になると思います。

大川隆法　少しは「考え方の筋」が見えたでしょうか。

里村　はい。

大川隆法　見えたのであれば、一定の使命を果たせたということですね。

質問者一同　ありがとうございました。

あとがき

本書発刊の直前には、『なぜ私は戦い続けられるのか――櫻井よしこの守護霊インタビュー――』が書店に並んでいるはずである。いわずと知れた保守系の論客・櫻井よしこさんの本心と、本書の国谷さんの本心を比較してみると、なぜ日本のマスコミ界が二分されているのか、その理由がわかるだろう。

私はこのマスコミ界の二大潮流に対して、「錦《にしき》の御旗《みはた》」はどちらに立てるべきかを判定すべき立場にある者である。それは未来をどの程度見通せるかの判定、国民はどう考えたほうが幸福になるかの選択でもあろう。

結論から言えば、中国や韓国、北朝鮮の暴挙・暴論を的確に批判できないようでは、ＮＨＫは公正中立な報道をしているとは言えないということだ。

したがって、夜十時すぎに、当会の独身女子寮のドアをガンガンたたいて、「公共放送の受信料を払って下さい。」と恐い男が強制するのはご遠慮頂きたい、という結論になる。

未来はまだ変えられるのだ。

二〇一四年　二月七日

幸福《こうふく》の科学《かがく》グループ創始者兼総裁《そうししゃけんそうさい》　大川隆法《おおかわりゅうほう》

『クローズアップ国谷裕子キャスター』大川隆法著作関連書籍

『なぜ私は戦い続けられるのか
——櫻井よしこの守護霊インタビュー——』（幸福の科学出版刊）
『ＮＨＫ新会長・籾井勝人守護霊本音トーク・スペシャル』（同右）
『ＮＨＫはなぜ幸福実現党の報道をしないのか』（同右）
『軍師・黒田官兵衛の霊言』（同右）
『ナベツネ先生 天界からの大放言』（同右）
『アダム・スミス霊言による「新・国富論」』（同右）
『守護霊インタビュー タイ・インラック首相から日本へのメッセージ』（同右）
『「首相公邸の幽霊」の正体』（同右）
『マザー・テレサの宗教観を伝える』（同右）
『公開霊言 内村鑑三に現代の非戦論を問う』（同右）

クローズアップ国谷裕子《くにやひろこ》キャスター
――ＮＨＫの〝看板〟を霊査する――

2014年２月19日　初版第１刷

著　者　　大《おお》　川《かわ》　隆《りゅう》　法《ほう》

発行所　　幸福の科学出版株式会社

〒107-0052 東京都港区赤坂２丁目10番14号
TEL(03)5573-7700
http://www.irhpress.co.jp/

印刷・製本　株式会社 堀内印刷所

落丁・乱丁本はおとりかえいたします

ISBN978-4-86395-440-3 C0030
Photo: World Economic Forum from Cologny, Switzerland/aflo/jijiphoto/
shutterstock/Shizhao/Fanghong/Si-take.

大川隆法霊言シリーズ・マスコミのあり方を検証する

NHK新会長・籾井勝人《もみいかつと》守護霊 本音トーク・スペシャル

タブーにすべてお答えする

「NHKからマスコミ改革の狼煙を上げたい!」いま話題の新会長が公共放送の問題点に斬り込み、テレビでは言えない本音を語る。

1,400円

池上彰の政界万華鏡

幸福実現党の生き筋とは

どうする日本政治? 憲法改正、原発稼働、アベノミクス、消費税増税……。人気ジャーナリストの守護霊が、わかりやすく解説する。

1,400円

ニュースキャスター 膳場貴子のスピリチュアル政治対話

守護霊インタビュー

この国の未来を拓くために、何が必要なのか? 才色兼備の人気キャスター守護霊と幸福実現党メンバーが、本音で語りあう。

【幸福実現党刊】

1,400円

※表示価格は本体価格(税別)です。

大川隆法霊言シリーズ・マスコミの本音を直撃

ナベツネ先生 天界からの大放言

読売新聞・渡邉恒雄会長 守護霊インタビュー

混迷する政局の行方や日本の歴史認識への見解、さらにマスコミの問題点など、長年マスメディアを牽引してきた大御所の本心に迫る。

1,400円

朝日新聞はまだ反日か

若宮主筆の本心に迫る

日本が滅びる危機に直面しても、マスコミは、まだ反日でいられるのか!? 朝日新聞・若宮主筆の守護霊に、国難の総括と展望を訊く。

1,400円

「WiLL」花田編集長守護霊による「守護霊とは何か」講義

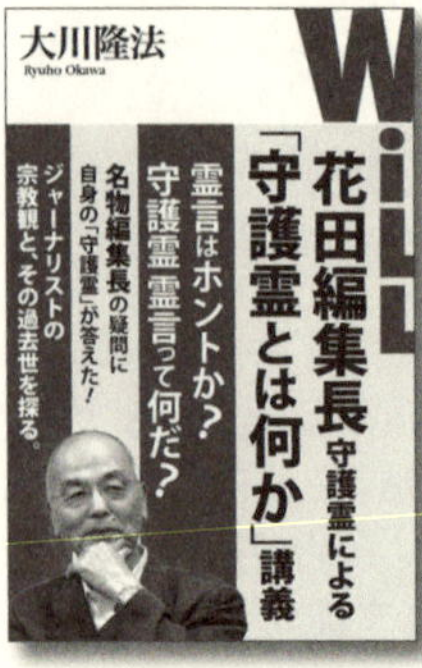

霊言がわからない――。誰もが知りたい疑問にジャーナリストの守護霊が答える！ 宗教に対する疑問から本人の過去世までを、赤裸々に語る。

1,400円

※表示価格は本体価格（税別）です。

大川隆法ベストセラーズ・「幸福の科学大学」が目指すもの

新しき大学の理念

「幸福の科学大学」がめざす
ニュー・フロンティア

2015年、開学予定の「幸福の科学大学」。日本の大学教育に新風を吹き込む「新時代の教育理念」とは? 創立者・大川隆法が、そのビジョンを語る。

1,400円

「経営成功学」とは何か

百戦百勝の新しい経営学

経営者を育てない日本の経営学!? アメリカをダメにしたMBA――!? 幸福の科学大学の「経営成功学」に託された経営哲学のニュー・フロンティアとは。

1,500円

「人間幸福学」とは何か

人類の幸福を探究する新学問

「人間の幸福」という観点から、あらゆる学問を再検証し、再構築する――。数千年の未来に向けて開かれていく学問の源流がここにある。

1,500円

「未来産業学」とは何か

未来文明の源流を創造する

新しい産業への挑戦――「ありえない」を、「ありうる」に変える! 未来文明の源流となる分野を研究し、人類の進化とユートピア建設を目指す。

1,500円

大川隆法霊言シリーズ・最新刊

軍師・黒田官兵衛の霊言

「歴史の真相」と
「日本再生、逆転の秘術」

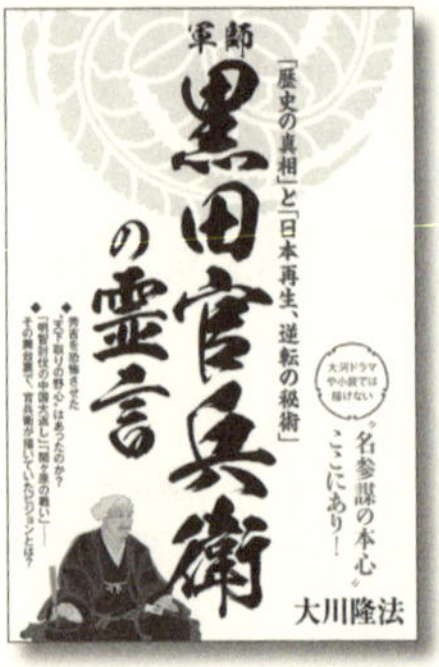

大河ドラマや小説では描けない、秀吉の天下獲りを支えた天才軍師の実像が明らかに！ その鋭い戦略眼が現代日本の行く末を読む。

1,400円

なぜ私は戦い続けられるのか

櫻井よしこの守護霊インタビュー

「日本が嫌いならば、日本人であることを捨てなさい！」日本を代表する保守論客の守護霊が語る愛国の精神と警世の熱き思い。

1,400円

堺雅人の守護霊が語る 誰も知らない「人気絶頂男の秘密」

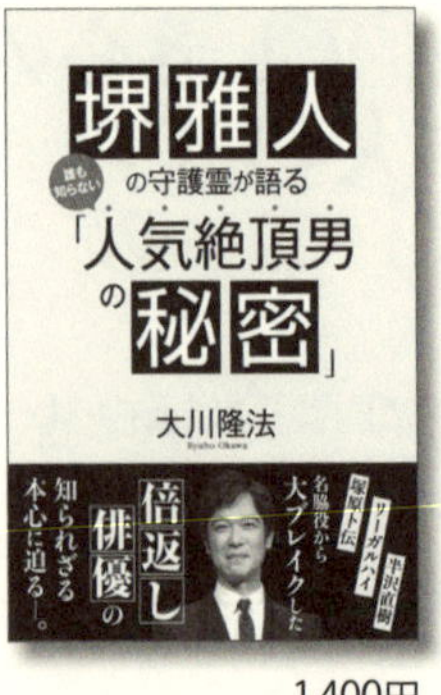

個性的な脇役から空前の大ヒットドラマの主役への躍進。いま話題の人気俳優・堺雅人の素顔に迫る110分間の守護霊インタビュー！

1,400円

※表示価格は本体価格（税別）です。

幸福の科学グループのご案内

宗教、教育、政治、出版などの活動を通じて、地球的ユートピアの実現を目指しています。

宗教法人　幸福の科学

一九八六年に立宗。一九九一年に宗教法人格を取得。信仰の対象は、地球系霊団の最高大霊、主エル・カンターレ。世界百カ国以上の国々に信者を持ち、全人類救済という尊い使命のもと、信者は、「愛」と「悟り」と「ユートピア建設」の教えの実践、伝道に励んでいます。

（二〇一四年二月現在）

愛

幸福の科学の「愛」とは、与える愛です。これは、仏教の慈悲《じひ》や布施《ふせ》の精神と同じことです。信者は、仏法真理をお伝えすることを通して、多くの方に幸福な人生を送っていただくための活動に励んでいます。

悟り

「悟り」とは、自らが仏の子であることを知るということです。教学《きょうがく》や精神統一によって心を磨き、智慧《ちえ》を得て悩みを解決すると共に、天使・菩薩《ぼさつ》の境地を目指し、より多くの人を救える力を身につけていきます。

ユートピア建設

私たち人間は、地上に理想世界を建設するという尊い使命を持って生まれてきています。社会の悪を押しとどめ、善を推し進めるために、信者はさまざまな活動に積極的に参加しています。

国内外の世界で貧困や災害、心の病で苦しんでいる人々に対しては、現地メンバーや支援団体と連携して、物心両面にわたり、あらゆる手段で手を差し伸べています。

年間約３万人の自殺者を減らすため、全国各地で街頭キャンペーンを展開しています。

公式サイト **www.withyou-hs.net**

ヘレン・ケラーを理想として活動する、ハンディキャップを持つ方とボランティアの会です。視聴覚障害者、肢体不自由な方々に仏法真理を学んでいただくための、さまざまなサポートをしています。

公式サイト **www.helen-hs.net**

教育

学校法人
幸福の科学学園

学校法人 幸福の科学学園は、幸福の科学の教育理念のもとにつくられた教育機関です。人間にとって最も大切な宗教教育の導入を通じて精神性を高めながら、ユートピア建設に貢献する人材輩出を目指しています。

幸福の科学学園

中学校・高等学校（那須本校）
2010年4月開校・栃木県那須郡（男女共学・全寮制）
TEL **0287-75-7777**
公式サイト **happy-science.ac.jp**

関西中学校・高等学校（関西校）
2013年4月開校・滋賀県大津市（男女共学・寮及び通学）
TEL **077-573-7774**
公式サイト **kansai.happy-science.ac.jp**

幸福の科学大学（仮称・設置認可申請予定）
2015年開学予定
TEL **03-6277-7248**（幸福の科学 大学準備室）
公式サイト **university.happy-science.jp**

仏法真理塾「サクセスNo.1」 TEL **03-5750-0747**（東京本校）
小・中・高校生が、信仰教育を基礎にしながら、「勉強も『心の修行』」と考えて学んでいます。

不登校児支援スクール「ネバー・マインド」 TEL **03-5750-1741**
心の面からのアプローチを重視して、不登校の子供たちを支援しています。
また、障害児支援の**「ユー・アー・エンゼル!」**運動も行っています。

エンゼルプランV TEL **03-5750-0757**
幼少時からの心の教育を大切にして、信仰をベースにした幼児教育を行っています。

シニア・プラン21 TEL **03-6384-0778**
希望に満ちた生涯現役人生のために、年齢を問わず、多くの方が学んでいます。

NPO 活動支援

学校からのいじめ追放を目指し、さまざまな社会提言をしています。また、各地でのシンポジウムや学校への啓発ポスター掲示等に取り組むNPO「いじめから子供を守ろう！ネットワーク」を支援しています。

公式サイト **mamoro.org**
相談窓口 **TEL.03-5719-2170**
ブログ **mamoro.blog86.fc2.com**

政治

幸福実現党

内《ない》憂《ゆう》外《がい》患《かん》の国難に立ち向かうべく、二〇〇九年五月に幸福実現党を立党しました。創立者である大川隆法党総裁の精神的指導のもと、宗教だけでは解決できない問題に取り組み、幸福を具体化するための力になっています。

党員の機関紙
「幸福実現NEWS」

TEL 03-6441-0754
公式サイト hr-party.jp

出版メディア事業

幸福の科学出版

大川隆法総裁の仏法真理の書を中心に、ビジネス、自己啓発、小説など、さまざまなジャンルの書籍・雑誌を出版しています。他にも、映画事業、文学・学術発展のための振興事業、テレビ・ラジオ番組の提供など、幸福の科学文化を広げる事業を行っています。

大川隆法著作シリーズ

アー・ユー・ハッピー?
are-you-happy.com

ザ・リバティ
the-liberty.com

幸福の科学出版
TEL 03-5573-7700
公式サイト irhpress.co.jp